AF450844

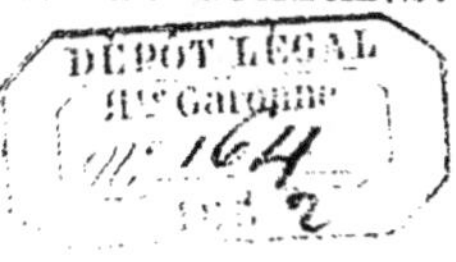

DE LA

SOLIDARITÉ.

DISSERTATION

POUR

LE DOCTORAT,

Présentée à la Faculté de Droit de Toulouse,

PAR

M. B. COMPANS.

TOULOUSE,
IMPRIMERIE DE A. CHAUVIN ET COMP.e,
RUE MIREPOIX, 3.

1852.

DE LA SOLIDARITÉ.

Idée de la solidarité, sa définition.

Lorsque plusieurs personnes ont simultanément concouru à la formation d'une obligation en stipulant comme créancières ou en promettant comme débitrices d'une seule et même prestation, l'obligation peut être considérée, tantôt comme simplement conjointe, tantôt comme solidaire, suivant l'intention formelle ou tacite des parties contractantes. Les parties ont-elles voulu contracter d'une manière pour ainsi dire individuelle, nominative ; ont-elles voulu constituer autant de créances ou de dettes qu'il y a de créanciers ou de débiteurs, l'obligation sera envisagée comme simplement conjointe, de telle sorte que, grâce à cette division de la créance et de la dette en parts égales, chaque créancier ne peut exiger, et chaque débiteur n'est tenu d'acquitter que sa portion virile. D'où il résulte, notamment, que l'insolvabilité de l'un des débiteurs est à la charge du créancier et non de ses codébiteurs conjoints, et que l'interruption de la prescription vis-à-vis d'un débiteur ne saurait, par cela même, être invoquée à l'encontre des autres. Au contraire, les parties contractantes ont-elles entendu que chaque créancier puisse exiger la totalité de la créance et que chaque débiteur soit tenu de la totalité de la dette, de manière pourtant que le paiement ne puisse être exigé qu'une fois, l'obligation sera solidaire activement et passivement, c'est-à-dire que chacun des créanciers et chacun des débiteurs le sera *in totum et totaliter*, pour parler le langage de Dumoulin. C'est donc l'intention des parties qu'il faut rechercher avant tout.

La solidarité constitue un lien étroit, énergique, qui astreint rigoureusement les débiteurs; elle est, en outre, une dérogation au principe suivant lequel le droit et l'obligation se divisent de plein droit et par portions égales entre les diverses personnes qui ont figuré simultanément dans un même agissement, soit comme créancières, soit comme débitrices d'une seule et même prestation. A ces titres, la solidarité ne saurait s'induire facilement de présomptions ou conjectures, ni recevoir aucune interprétation extensive; elle doit être formellement édictée par une disposition de la loi, ou expressément stipulée par les parties, abstraction faite d'ailleurs des termes employés. Dans le silence des parties, ou même dans le doute, l'obligation doit être réputée purement conjointe.

D'après ces notions générales et succinctes, et autant qu'il est permis de risquer une définition en droit, l'obligation solidaire peut être définie : une obligation qui attribue à chacun des créanciers le droit d'exiger la totalité de la créance, ou qui impose à chacun des débiteurs la charge de payer la totalité de la dette.

Cet effet procède du titre même qui constitue l'obligation solidaire, *totum et totaliter debetur ex obligatione,*
dit Dumoulin ; et c'est par ce côté que l'obligation
solidaire se distingue de l'obligation indivisible qui
produit un effet semblable, mais seulement à raison de
l'impossibilité d'accomplir partiellement la prestation
qui en forme l'objet, *in individua totum debetur ex*
necessitate, sed non totaliter : en d'autres termes, la
solidarité affecte le lien d'obligation lui-même ; l'indi-
visibilité n'a trait qu'à l'exécution.

Objet et caractère de la solidarité.

La solidarité, bien que présentant des avantages
très-faibles ou même nuls quand elle est active, c'est-
à-dire stipulée au profit de plusieurs créanciers à la
fois, en offre, au contraire, d'assez sensibles quand
elle est passive, c'est-à-dire promise par plusieurs débiteurs qui s'engagent simultanément dans une même
convention, en ce qu'elle consacre des garanties pour
le créancier qui ne se voit nullement atteint par la
ruine financière de quelques codébiteurs, tant qu'il en
reste au moins un dont la fortune est suffisante à
l'acquit de la dette. Elle a donc pour objet de fournir
des sûretés au créancier et d'assurer une plus prompte
et plus exacte exécution des obligations ; c'est le crédit
d'une personne fortifié par celui d'une autre ; c'est la
foi d'un débiteur corroborée par la foi d'un autre
débiteur.

Avantageuse au créancier, la solidarité passive est

onéreuse aux obligés solvables qui auront à répondre pour les insolvables. Aussi faut-il que les débiteurs, si on veut qu'ils soient tenus solidairement, aient expressément promis la solidarité, aient formellement accepté les suites de l'obligation solidaire. La volonté, en effet, flexible au gré des circonstances, libre dans sa détermination, est maîtresse de s'imposer tout fardeau onéreux, d'accepter toutes chances et périls; une semblable convention, qui n'est contraire ni aux lois ni aux bonnes mœurs, est parfaitement licite et doit recevoir son exécution, comme étant la loi des parties. Mais en sera-t-il de même en ce qui concerne la solidarité légale? Le législateur pourra-t-il, en interprétant la volonté des parties, les soumettre, par voie de présomption tacite, aux conséquences juridiques de la solidarité?

Au premier abord, cette question peut sembler étrange à tout esprit pénétré des textes de notre législation, qui place la solidarité légale sur la même ligne que la solidarité conventionnelle. Cependant, il paraît qu'elle a été soulevée par divers jurisconsultes romains et tranchée par Justinien, dans sa novelle 99, qui abolit toute solidarité légale pour ne reconnaître désormais que la solidarité conventionnelle, fruit de la volonté expresse des parties contractantes. Il est vrai, toutefois, d'ajouter que cette opinion, attribuée à la novelle précitée, est combattue par certains commentateurs, qui pensent que la novelle n'a eu pour objet que de déclarer que la faculté de demander le tout résulte, non-seulement de la forme de l'interrogation et de la réponse, mais de toute convention quelconque spéciale à cet effet. Mais, quel que soit au surplus le sentiment que l'on adopte sur ce point, la controverse qui a été soulevée nous paraît assez sérieuse pour se demander si le législateur peut soumettre une personne, sans sa volonté expresse et spontanée, à courir des risques qu'on ne peut prévoir ou éviter.

En thèse générale, quand on traite avec deux ou plusieurs personnes à la fois et pour une même affaire, lorsque, par exemple, on leur prête une somme d'argent, il est naturel et logique d'admettre que l'on a traité avec chacune d'elles, qu'on a considéré le crédit personnel de chaque partie, que l'on a entendu prêter à tous, de manière que tous fussent débiteurs, mais débiteurs à raison de l'avantage qu'ils ont dans l'agissement, débiteurs au prorata de la part pour laquelle chacun d'eux se trouve intéressé dans l'acte d'emprunt. Telle est la situation ordinaire, rationnelle, en harmonie avec les vues des parties contractantes. Sans doute, les parties peuvent, par leurs conventions, déroger à ces principes; mais, en l'absence d'une volonté formelle directement intervenue à cet égard, il faut des raisons bien puissantes, des motifs bien impérieux, pour permettre au législateur d'édicter la solidarité légale et l'imposer aux parties de plein droit, nonobstant leur consentement. C'est, sans doute, ce qui explique comment Justinien a pu proscrire d'une manière absolue la solidarité légale, c'est certainement ce qui a inspiré aux rédacteurs de notre Code civil les dispositions de l'art. 1202, suivant lequel la solidarité est de droit étroit, anormal, exceptionnel, et ne se présume jamais.

Cependant, certains commentateurs (1), pénétrés des nécessités commerciales, jaloux de constituer largement et efficacement le crédit, ont pensé que la novelle 99 ne doit sa naissance qu'à une volonté arbitraire, et que les auteurs de notre Code civil ont eu tort de suivre Justinien dans cette issue. Selon eux, la solidarité doit exister de plein droit, former le droit commun. Mais je ne saurais partager leur sentiment. Si les usages ou nécessités du commerce autorisent et justifient les liens rigoureux de la solidarité dans tous les agissements, s'il importe de ne porter aucune atteinte au point d'honneur commercial, ces raisons ne sauraient militer avec une pareille force, une égale autorité, en ce qui touche les intérêts civils. Ici le législateur n'avait pas le même besoin de déployer ses rigueurs; il lui suffisait de poser le principe de la solidarité et l'abandonner à la volonté des parties, comme étant les meilleurs juges et appréciateurs de son utilité ou opportunité. Aussi, et à ce titre, me paraît suffisamment justifiée la disposition de l'art. 1202, qui consacre l'exclusion de la solidarité comme droit commun.

Au surplus, hâtons-nous d'examiner les principes ou règles de la solidarité, d'abord en droit romain, ensuite en droit français.

(1) Fremery, *Etudes du droit commercial*, chap. III, p. 21. — Delamarre et Lepoitevin, *Contrat de commission*, t. II, n° 153.

PREMIÈRE PARTIE.

Droit romain.

Un principe fondamental qui a été dominant à Rome est la division du droit ou de l'obligation entre tous ceux qui ont simultanément figuré dans un même agissement, au prorata de leur part et portion d'intérêt. Ce principe était général et s'appliquait tant aux matières civiles qu'aux matières commerciales; c'est ce qu'enseigne Ulpien pour des affaires éminemment commerciales, à savoir les entreprises de navigation (**L. 4. D. 14. 1**).

Toutefois, ce principe ne resta pas à l'abri de quelques exceptions ou modifications introduites dans un but d'utilité publique. Ainsi, les sociétés d'argentiers et celles de publicains étaient régies par le principe de la solidarité, c'est-à-dire que les associés banquiers et les associés pour la ferme des revenus publics étaient chacun tenus pour le tout de leurs obligations (1).

De même, la solidarité avait lieu quand une société constituée pour faire des gains *propter quæstum* (2), dans des vues essentiellemennt mercantiles, se faisait représenter au-dehors par un facteur ou institeur pré-

(1) L. 27. D. 2. 14. — L. 9 § 4. D. 39. 4.
(2) L. 13 § 2. D. 14. 3. — L. 16. D. h. t.

posé à un négoce ou à une boutique. Ce facteur ou institeur (ordinairement un esclave), qui avait pouvoir de vendre, acheter, emprunter,..... qui se gérait ostensiblement comme tel, obligeait solidairement les associés qu'il représentait; c'est qu'en effet cet institeur ne se gérait pas comme maître de l'affaire, n'était qu'un *nudus minister*, l'instrument de la volonté des associés préposants, de sorte qu'en traitant avec les tiers, ceux-ci étaient censés considérer moins la personne, le crédit de l'institeur que la personne et le crédit des représentés, *scilicet qui ita contrahit, fidem domini sequi videtur* (1). Rien de plus naturel donc que d'accorder au public une action *in solidum* contre chacun des préposants qui ont sollicité la confiance des tiers; et, comme ces derniers n'avaient contracté qu'avec un seul, leur action, qui était unique et entière contre le préposé, devait rester telle au regard de ceux qui l'avaient commis, *ne in plures adversarios distringatur qui cum uno contraxerit* (2).

Il en était de même, et toujours pour cette grande et constante raison que vient d'en donner le jurisconsulte Gaïus, à l'égard des propriétaires d'un esclave, qui étaient solidairement tenus par l'action *de peculio* des contrats dans lesquels cet esclave avait figuré, ainsi qu'à l'égard des associés qui plaçaient un patron sur leur navire et dans leur intérêt commun (3), de telle sorte que les associés armateurs ne pouvaient se

____

(1) Just. Inst., lib. 4, tit. 7 § 1. — (2) L. 2. D. 14. 1. L. 27 § 8. D. 15. 1. — (3) L. 1 § 25. D. 14. 1.

libérer de l'action des tiers qu'en les indemnisant intégralement. Cette décision logique a été abandonnée par
le droit moderne; notre Code de commerce (art. 216)
ne déclare les armateurs responsables envers le public
des faits du capitaine que jusques à concurrence du
navire et du fret.

Voilà donc plusieurs cas dans lesquels apparaît
clairement la solidarité. Dans les uns, elle a été intro-
duite dans un but d'utilité publique ; dans les autres,
en faveur de la bonne foi des tiers et en raison des
règles relatives à la représentation, commission ou
mandat.

Mais lorsque plusieurs personnes figuraient en même
temps dans un seul et unique agissement, même commercial, chacune d'elles était réputée traiter pour son
compte personnel, n'obliger les tiers ou ne s'engager
avec eux qu'à concurrence de sa part dans l'affaire. N'é-
tant pas institeurs les unes des autres, elles ne devaient
pas être soumises à un recours *in solidum*, sans une promesse certaine et expresse. Ainsi, quand je demande à
Titius et à Mœvius : Me promettez-vous cent livres? et
qu'ils me répondent : Nous le promettons, je n'aurai
qu'une seule action contre tous les deux pour me
faire payer les cent livres, action qui se divisera de
plein droit et par portions égales entre les deux débiteurs. De même, si deux associés, même commerçants, me souscrivent ensemble une obligation, je
n'aurai d'action contre chacun des souscripteurs que
pour leur part virile. J'ai considéré la position de
chacun d'eux, leur personne, leur crédit personnel;

rien ne fait soupçonner l'existence d'un engagement solidaire (1).

On voit que le cas où plusieurs contractent tous ensemble et par eux-mêmes est différent de celui où ils contractent par le ministère d'un institeur. Peut-on en donner un motif plausible? La raison qu'en donne Gaïus, c'est que, au premier cas, l'action naît de la personne de tous les contractants à la fois, qu'elle est divisée *ab initio*, tandis que, au deuxième cas, elle naît de la personne unique de l'institeur ou facteur, et qu'elle ne doit pas, entière et une qu'elle est, se partager ultérieurement, *ne in plures distringatur*....... Ce motif peut être suffisamment plausible sous l'empire d'une législation empreinte de formalisme, jalouse d'une logique sévère, mais ne saurait, je crois, convenir à une législation amie de l'équité, plus préoccupée du fond que de la forme. Sous ce rapport, je partage pleinement l'observation critique de M. Troplong, qui ne se trouve pas satisfait du motif donné par le jurisconsulte romain. « Ce résultat, dit-il (2), a » quelque chose de bizarre ; quand on s'interroge » dans l'indépendance de sa raison, on est choqué de » rencontrer une telle diversité d'effets pour deux » positions qui se tiennent de si près et qui tendent » au même but. » Aussi l'usage des peuples commerçants modernes, dérogeant à ce droit, a-t-il consacré dans les deux cas, et d'une manière uniforme, le principe de l'engagement solidaire.

(1) L. 4 pr. D. 14. 1. — (2) *Du contrat de société*, t. 2, n° 849.

Du reste, si la solidarité, par cela même qu'elle est de droit exceptionnel, devait être stipulée ou promise par les parties contractantes, il ne faudrait pas croire qu'elle fût subordonnée, soit à un arrangement symétrique de paroles sacramentelles ou formules, soit même à une promesse catégorique. Elle résulte suffisamment de l'intention des parties, pourvu que cette intention soit certaine et bien prouvée. Dans le doute, la solidarité doit être écartée pour en revenir au principe fondamental de la division du droit et de l'obligation (1).

L'engagement *in solidum*, auquel se soumettent deux ou plusieurs débiteurs, offre au créancier l'avantage d'être dispensé de diviser son action et de pouvoir rechercher celui qui présente le plus de certitude que l'obligation sera exactement acquittée dans son intégralité. Mais, sous cette expression, *obligationes in solidum*, se cachent deux espèces d'obligations solidaires, qui produisent, sous certains rapports, des effets entièrement distincts et séparés : ce sont les obligations *corréales* et les obligations *solidaires*. Cette distinction n'est pas écrite dans les textes en termes formels et catégoriques, mais elle ressort, à mon avis, de la combinaison des textes et de l'impossibilité de les concilier dans les effets qui en dérivent.

Que nous dit, en effet, Gaïus dans la L. 27 § 8. D. 15. 1? Celui qui a contracté avec l'esclave de deux ou plusieurs maîtres a une action pour le tout *in soli-*

____

(1) L. 11 §§ 1 et 2. D. 45. 2.

dum contre chacun de ces maîtres, sauf à celui qui aura été poursuivi en justice et condamné à satisfaire intégralement le demandeur, à répéter des autres maîtres, ses copropriétaires, ce qui excède sa part virile (1). Que porte, au contraire, la L. 39. D. 46. 1? Que si, de deux cofidéjusseurs de la même obligation, l'un d'eux a été recherché et condamné à payer, il n'aura pas d'action récursoire à diriger contre son cofidéjusseur. Dans l'une et l'autre espèce, l'obligation est *in solidum*, et pourtant elle produit deux résultats fort différents. Dans la première, le débiteur qui a payé le tout conserve le droit de répéter l'excédant de sa portion virile; dans la deuxième, il est privé de ce droit. Pour expliquer cette différence de résultats, il faut nécessairement qu'il y ait une différence dans la nature ou le caractère de l'engagement *in solidum*. C'est qu'en effet, dans la première hypothèse, l'action n'est donnée *in solidum* au créancier que parce qu'ayant contracté avec un seul, il serait inique, comme le dit le texte, qu'il fût tenu de diviser son action; tandis que, dans la deuxième, les parties se sont volontairement soumises à ce résultat, ont accepté l'engagement *in solidum*, se sont constituées ce que les textes appellent *duo rei promittendi*, c'est-à-dire ont voulu contracter une obligation *corréale*, qui étant unique de sa nature, en ce qui touche le rapport juridique qu'elle produit, se trouve anéantie par la *litiscontestatio* engagée avec l'un des cofidéjus-

(1) Adde : L. 3. D. 14. 1. L. 13 § 2. D. 14. 3.

seurs, de telle sorte que l'autre obligé se trouve, au regard de son coobligé, n'avoir jamais figuré dans les liens de l'obligation. Vainement objecterait-on que le cofidéjusseur peut aisément, au moyen de la cession d'actions, répéter l'excédant de son cofidéjusseur, et qu'ainsi disparaîtrait la différence des résultats; car l'on répondrait avec avantage que la création de ce remède juridique corrobore de plus fort la justesse du principe et de sa conséquence.

Il est facile de voir que l'obligation *corréale* produit des effets plus rigoureux que la simple obligation *in solidum*, et qu'elle consacre parfois des injustices assez criantes au préjudice de celui qui est recherché par le créancier, et au profit de celui qui n'est pas inquiété. Aussi, dans le doute, faudra-t-il présumer plus facilement l'obligation *solidaire* que l'obligation *corréale. Non sunt correi*, disait Dumoulin (1), *nisi hoc appareat, et, in dubio, præsumitur quod est minus, id est in solidum obligati*; c'est l'application de la maxime d'Ulpien : *Semper in obscuris quod minimum est sequimur* (2).

Cette distinction une fois posée, arrivons à l'exposition des principes juridiques et à l'analyse des effets principaux qui dérivent de chacune de ces espèces d'obligations.

A. — *Obligations corréales.*

1° *Caractère de l'obligation corréale.* — L'obligation

(1) Op., t. III, n° 151. — (2) L. 9. D. 50. 17.

corréale est celle qui , tout en se référant à plusieurs créanciers ou plusieurs débiteurs , est cependant une quant à son objet, *una res vertitur* (1).

Chacun des *correi stipulandi* peut exiger, et chacun des *correi promittendi* est tenu de payer l'intégralité de la prestation qui forme l'objet de l'agissement, *et singulis in solidum debetur, et singuli debent* (2). Mais l'acquittement de la chose due , n'importe de quelle manière et par quelles personnes il est effectué, opère la libération de tous les coobligés, anéantit les droits des créanciers ; en d'autres termes, fait disparaître, d'une manière absolue, tous les rapports qui dérivaient de l'obligation corréale , *alter debitum accipiendo, alter solvendo omnium perimit obligationem et omnes liberat* (3). Mais, bien qu'il n'y ait qu'une seule obligation, les liens de chaque obligé, quoique ayant la même chose pour objet, sont entièrement distincts et divers. Parmi les *correi*, l'un d'eux peut être créancier ou débiteur d'une manière pure et simple, l'autre à terme ou conditionnellement ; celui-ci principalement, celui-là accessoirement. C'est ce que les commentateurs veulent exprimer quand ils disent que l'obligation corréale est unique *objectivement* et muliple *subjectivement*.

2° *Sources de l'obligation corréale.* — A ne lire que les Institutes de Justinien, il semblerait que l'obligation corréale ne peut découler que de la stipulation, d'un arrangement symétrique de paroles tellement combi-

(1) Just. Inst. III. tit. 16 § 1. L. 3 § 1. D. 45. 2. — (2) L. 2. D. 45. 2. — (3) Just. Inst. , lib. III, tit. 16 § 1.

nées, que, quoiqu'il y ait plusieurs interrogations ou plusieurs réponses, il n'y ait pourtant qu'une obligation unique, identiquement la même à l'égard de toutes les parties contractantes; par exemple, voulant lier à moi, par une obligation corréale, deux débiteurs à la fois, je les interroge successivement, de manière que chacun d'eux me réponde séparément après l'interrogation. *Mœvi, quinque aureos dare spondes? Sei, eosdem quinque aureos dare spondes? Si respondeant singuli separatim : spondeo* (1). Mais le prince des jurisconsultes romains nous apprend que la corréalité pouvait dériver, non-seulement de la stipulation, mais encore des faits positifs et concluants, des circonstances qui avaient accompagné le contrat. Ainsi, elle résulte de tout contrat, soit de vente, soit de louage, soit de dépôt; elle peut même procéder d'un testament (2).

Il est toutefois à remarquer que la corréalité étant de droit anormal, ne saurait s'induire par voie d'interprétations faciles et relâchées. Les termes dont se sert Papinien protesteraient contre une pareille facilité. Tel était aussi le sentiment du jurisconsulte Marcellus (3). Il faut, avant tout, rechercher quelle a été l'intention des parties contractantes; il faut que leur volonté ressorte d'une manière claire et certaine. Lorsqu'il y avait eu emploi des expressions sacramentelles de la stipulation, comme dans l'exemple donné par

(1) Just. Inst., lib. III, tit. 16, *pragm.* — (2) L. 9. D. 45. 2. —
(3) L. 47. D. 19. 2.

2

Justinien, il y avait certitude sur l'existence de la corréalité. Dans les autres contrats, il fallait prouver que l'intention des parties avait été de créer le lien de la corréalité. *Necesse est utriusque aut singulorum fidem in solidum contemplatam et secutam esse circa idem et ex una eademque causa,* dit Dumoulin.

A propos du texte de Papinien, une divergence s'est élevée entre les commentateurs, et a été mise à profit par quelques jurisconsultes de nos jours (1), pour en induire un principe fondamental : savoir, que l'engagement collectif et simultané de deux obligés les constituerait de plein droit en état de solidarité. Cette opinion est fortement combattue par M. Troplong, qui, d'après le sentiment de Cujas, ne doute pas un instant de l'altération du texte *Titius et Mœvius,* qui doit être remplacé par les mots : *Titius aut Mœvius.* Cette correction est d'abord provoquée par la construction grammaticale, par la faute de langage dans laquelle ne serait pas tombé l'élégant Papinien ; elle est surtout nécessaire pour ne pas mettre ce jurisconsulte en contradiction avec lui-même. Comment veut-on que Papinien, après avoir enseigné que la formule *Titius et Mœvius* exclut la corréalité dans les stipulations (2), professe une doctrine contraire, lorsque la même formule est insérée dans un testament ? On ne saurait raisonnablement le supposer (3).

Cette argumentation me paraît irrésistible, et j'ad-

____

(1) MM. Fremery, Delamarre et Lepoitevin. — (2) L. 11 §§ 1 et 2. D. 45. 2. — (3) V. Troplong, *Contrat de société,* nᵒ 851.

mels aisément la correction proposée. Mais je ne sau
rais admettre, avec notre jurisconsulte, que la formule
Titius aut Mœvius emporte par elle-même corréalité ;
et c'est en vain que, pour le soutenir, il s'étaie des
L. 8 § 1. D. 30. L. 16. D. 31 et L. 25. D. 32.

En effet, que dit d'abord la L. 16. D. 31 ? Si un
legs a été fait à Titius ou à Mœvius, au choix del'héritier, celui-ci sera complètement libéré par le paiement fait à l'un des légataires ; mais, jusque-là, chacun
des légataires a le droit de réclamer comme si le legs
eût été laissé à lui seul. Est-ce là une obligation *in soli-*
dum ? Les deux légataires peuvent-ils être regardés
comme deux *correi credendi ?* C'est ce que ne déclare
point le jurisconsulte Celsus. Et, dès-lors, n'est-il pas
plus simple et plus naturel d'y voir un simple legs
alternatif, en ce qui concerne le sujet de l'obligation,
c'est-à-dire, la personne du légataire ? Si le paiement,
effectué entre les mains de l'un d'eux, libère l'héritier
d'une manière absolue, même par rapport à l'autre
légataire, ce n'est point parce que l'obligation est corréale, mais parce qu'il n'y a qu'une obligation unique,
et que l'option faite par le débiteur entraîne pour conséquence qu'il n'y a qu'un seul créancier, le légataire
choisi. Que si l'héritier ne s'empresse pas de faire
honneur à son engagement, chaque légataire est autorisé à réclamer le tout, parce que, jusqu'à l'option que
fera l'héritier, chacun d'eux peut justement se considérer comme légataire unique, *perinde atque si ipsi soli*
legatum foret, et nullement parce qu'il y aurait corréalité. En laissant à l'héritier le choix entre les deux

légataires, le testateur n'a pas eu l'intention de lui laisser le pouvoir de faire le paiement à l'un ou à l'autre, mais bien celui d'attribuer le bénéfice du legs exclusivement et en totalité à celui auquel il en ferait la délivrance. La faculté porte, non sur l'exécution, mais sur la détermination de l'obligation. « C'est, » dit M. Zachariæ (1), une obligation disjointe, c'est- » à-dire, une obligation en vertu de laquelle la qualité » de créancier ou de débiteur n'appartient à plusieurs » personnes qu'alternativement. » De là cette consé- quence importante que si, dans l'obligation corréale, la poursuite judiciaire de l'un des *correi stipulandi* ne peut être entravée par l'offre de paiement que le débi- teur ferait à l'autre créancier *correus* (2), dans l'obliga- tion alternative, au contraire, la demande de l'un des créanciers est arrêtée et mise à néant par l'option que fera le débiteur de celui qu'il veut avoir pour créancier.

Quant à la loi 25. D. 32, elle est si peu explicite qu'il est difficile de concevoir comment on veut en argumenter. Que porte-t-elle en effet ? *Ille aut ille heres Seio centum dato, potest Seius, ab utro velit, petere.* Où voit-on, dans ce texte, l'ombre d'une obligation *in solidum* qui pèserait sur les héritiers ? Je n'y vois qu'un choix de débiteurs déféré à *Seius* créancier ; et tandis que, dans l'obligation *in solidum*, le créancier peut, s'il le veut, diviser son action contre chacun des débiteurs, ici il ne le pourrait point.

Enfin, que porte la L. 8 § 1. D. 30 ? Si un legs,

_____

(1) T. 2 § 298. — (2) L. 16. D. 45. 2.

dit le jurisconsulte Pomponius, a été fait avec cette formule : *Lucius Titius heres meus, aut Mœvius heres meus decem Seio dato*, le légataire pourra rechercher celui des deux héritiers qu'il voudra, de telle sorte que, si sa demande dirigée contre l'un d'eux est couronnée de succès, l'autre héritier sera libéré comme s'ils eussent été deux débiteurs obligés pour le tout, *quasi si duo rei promittendi in solidum obligati fuissent*. Qu'est-ce à dire ? Le jurisconsulte a-t-il voulu dire que la formule du legs emporte de plein droit corréalité ? A-t-il considéré les deux héritiers comme deux débiteurs d'une obligation *in solidum ?* C'est ce qu'on ne saurait en induire sans ajouter au texte : *sola dictio* QUASI *sufficit ad indicandum quod non sunt correi*, dit Dumoulin (1). La circonstance que le légataire a une action pour le tout contre chacun des héritiers ne saurait en rien donner créance à une pareille interprétation ; si le jurisconsulte compare la position de ces héritiers à des obligés *in solidum*, auxquels ils ressemblent en ce que chacun d'eux est tenu pour le total de la prestation du legs, ce n'est que pour mieux faire ressortir les effets juridiques qui découlent de ce legs, lequel n'est autre chose qu'un legs alternatif, non point en ce qui touche l'objet de l'obligation, qui est unique et déterminé, mais relativement à la personne chargée de l'acquitter. Dans l'espèce de cette loi, il n'y a pas obligation solidaire, mais seulement obligation indivisible *quoad petitionem et solutionem*, pour em-

____

(1) Op. cit., n° 153.

ployer le langage de Dumoulin ; d'où la conséquence que, tandis que, dans les obligations solidaires, chacun des débiteurs garantit le fait des autres en ce qui touche l'objet de l'obligation, et est tenu de payer le prix de la chose qui a péri par la faute de l'un des obligés, dans les obligations indivisibles, au contraire, la perte de la chose arrivée par le fait de l'un des débiteurs du legs ou depuis sa mise en demeure, et avant que l'autre fût en retard, entraîne la libération complète de ce dernier.

Ainsi ces lois ne prouvent point que la formule : *Titius aut Mœvius*..... emporte corréalité, comme le prétend M. Troplong ; elles sont entièrement étrangères à cette hypothèse et doivent être écartées. La raison pour laquelle la corréalité peut résulter d'un testament, c'est que le testateur, étant libre d'apposer à sa libéralité telles conditions ou charges qu'il juge convenables, peut parfaitement imposer à ses héritiers la charge d'acquitter *in solidum* le legs qu'il a fait, comme gage de l'exécution fidèle de ses dernières volontés. Mais, pour cela, il doit manifester d'une manière claire l'intention qu'il a de constituer ses héritiers *correi promittendi* ; et certes, cette intention ne saurait résulter de la formule : *Titius aut Mœvius*, pas plus que de la formule : *Titius et Mœvius*, comme le prétend M. Fremery. Aussi, dans ces hypothèses, faut-il, à mon avis, revenir au principe fondamental de la division de l'obligation en parts viriles, consigné dans la L. 11, §§ 1 et 2. D. 45. 2.

3° *Effets de l'obligation corréale.* — Le caractère

dominant de l'obligation corréale, consistant dans l'unité du lien juridique qu'elle engendre, chacun des *correi credendi* doit, dans ses rapports avec le débiteur, être considéré comme seul et unique créancier, et, réciproquement, chacun des *correi debendi* comme seul et unique débiteur, *unius loco numerantur quia unum debitum est*, dit le jurisconsulte Paul (1). Il résulte de là que chaque cocréancier a le droit de disposer seul de la totalité de la créance, sans avoir à craindre d'être inquiété par ses créanciers. La créance, dit M. Ducaurroy, appartient, pour ainsi dire, au premier occupant parmi les stipulants. Il en résulte encore que l'obligation éteinte à l'égard d'un des *correi credendi*, d'une manière quelconque, l'est pareillement vis-à-vis de tous les autres (2); de telle sorte que, non-seulement le paiement, mais encore l'acceptilation, la novation, la délation du serment sur le fait de la dette, et tous autres modes d'extinction qui s'adressent à l'obligation elle-même considérée objectivement, quoiqu'ils s'opèrent du chef et dans la personne de l'un des *correi credendi*, doivent entraîner la libération du débiteur au regard de tous les créanciers. En d'autres termes, tout fait modificatif de l'obligation considérée objectivement, en elle-même, affecte le lien juridique lui-même et doit rejaillir sur tous les intéressés : *Ex duobus reis ejusdem stichi promittendi factis, alterius factum, alteri quoque nocet* (3). Mais tout fait qui ne

____

(1) L. 9 pr. D. 2. 14. — (2) L. 2 et 10. D. 45. 2. — (3) l. 18. D. 45. 2.

modifie l'obligation que subjectivement, en ce qui touche les personnes qui en forment le sujet, n'altère en rien l'obligation elle-même qui demeure intacte. Ainsi, la mise en demeure, *mora,* encourue par l'un des *correi debendi* ne saurait nuire aux autres (1). Ainsi encore les dommages-intérêts adjugés au créancier à raison de la perte de la chose due, arrivée par le fait ou la faute de l'un des *correi debendi,* ne peuvent être réclamés contre les autres. La raison en est que tous ces faits étant personnels à l'un des codébiteurs, et donnant naissance à des engagements nouveaux et indépendants de l'obligation originaire, ne sauraient lier les autres débiteurs qui se sont bien engagés *correaliter* à l'égard de la prestation stipulée *ad conservandam,* mais non *ad augendam.* Il en est de même du pacte de *non petendo in personam,* de la *capitis diminutio,* de la *confusio.....* qui, ne concernant qu'un des *correi,* font seulement disparaître un sujet de l'obligation (2).

Du même principe que l'obligation corréale est une, il résulte que celui des *correi credendi,* qui a exercé les poursuites et obtenu l'acquittement intégral de la prestation, n'est point tenu d'en rendre compte à ses cocréanciers, comme réciproquement celui des *correi debendi* qui a payé la chose due n'a point de recours à diriger contre ses codébiteurs. La raison en est que le créancier qui a reçu l'objet de l'obligation n'a fait

(1) L. 32 § 4. D. 22, 1. — (2) L. 25 § 1. D. 2. 14. L. 19. D. 45. 2. L. 71. D. 46. 1.

que recevoir ce qui lui était dû, et que le débiteur qui
a payé n'a fait qu'acquitter son obligation comme
sienne: et, comme cette obligation est unique, il ne
saurait prétendre avoir fait l'affaire de ses codébiteurs,
avoir été leur *negotiorum gestor* (1). D'ailleurs, la *litiscontestatio*, engagée avec l'un des créanciers ou avec
l'un des débiteurs, consomme, détruit, absorbe le
droit et l'obligation de toutes les parties qui figurent
activement ou passivement dans l'obligation corréale,
de façon qu'il ne reste plus en quelque sorte vestige
de l'agissement. C'est, au surplus, ce qui ressort d'une
manière indubitable de la L. 62 pr. D. 35. 2, où l'on
suppose un créancier ou un débiteur solidaire, décédé
après avoir fait différents legs dans son testament.
Dans la composition de la masse, et pour arriver au
calcul de la quarte falcidie, la première opération est
d'y comprendre toutes les créances et d'en déduire les
dettes. Or, d'après la loi précitée, la créance ou la
dette solidaire ne doit pas être prise en considération
quant à présent, parce qu'il est incertain si la première sera payée à l'héritier ou si la seconde serait
payée par lui. Et cependant, si cette créance ou cette
dette eût dû, après le paiement, se partager entre
l'héritier et les autres créanciers ou débiteurs solidaires, l'on eût dû, à tout événement, porter au chapitre de l'actif la part de l'héritier dans la créance, et
au chapitre du passif sa part dans la dette. C'est ce
qui eût été fait, si la créance ou la dette eût découlé

(1) Gaius, III. 122. L. 39. D. 46. 1.

d'une société ou communauté, parce qu'alors la répartition s'en serait faite entre les associés et l'héritier du
testateur. En effet, quand il existe entre les copromet-
tants une communauté ou relation quelconque de
droit, il est naturel que celui qui a tout payé puisse
actionner les autres, pour que le résultat soit commu-
niqué entre chacun selon son droit, et cela au moyen
de l'action de mandat de société ou de toute autre
action découlant du lien qui les unit.

Ainsi, nous avons dit plus haut que la compensation, admise par la sentence du juge comme équiva-
lente à paiement, anéantissait l'obligation corréale au
regard de tous les *correi*, soit actifs, soit passifs (1).
Mais comme la compensation n'est qu'une exception
personnelle, il en résulte que le codébiteur attaqué
ne pourrait opposer au créancier poursuivant la compensation qui s'opérerait du chef et dans la personne
d'un autre créancier, ni celle qui s'opérerait dans la
personne de son codébiteur. Il en est toutefois autrement, lorsque les *correi* sont *socii*; le *correus* recherché peut utilement invoquer la compensation opérée
du chef de son associé (2). Il pourrait, je pense, l'opposer également du chef d'un autre *correus credendi*
associé de celui qui exerce la poursuite.

De même, le pacte de *non petendo in rem* ou la
remise pure et simple de la dette elle-même faite par
l'un des *correi credendi*, qui, dans les cas ordinaires,
entraîne la libération du débiteur par rapport à tous (3),

(1) L. 4. D. 20. 4. — (2) L. 10. D. 45. 2. — (3) L. 21. § 5. D. 2. 14.

ne procure plus cet effet lorsque les *correi credendi* sont *socii* (1).

De même, encore, la novation intervenue entre le débiteur et l'un des *correi credendi*, laquelle, image du paiement (2), opère l'extinction absolue de l'obligation corréale, ne produit plus ce résultat lorsque les *correi* sont *socii*; l'un des associés ne saurait, par son fait, nuire aux autres. La raison en est que la société et les rapports qui en dérivent entre les associés doivent restreindre les droits de chacun d'eux, et que le débiteur qui a connaissance de cette situation ne saurait la modifier, par son fait ou son accord avec un créancier au détriment des autres créanciers associés. C'est ainsi que se concilient les L. 27 pr. D. 2. 14. et L. 31. § 1. D. 46. 2.

Réciproquement, la novation intervenue entre le créancier et l'un des *correi debendi*, comme la remise de la dette elle-même faite par le créancier à l'un des *correi debendi*, doit opérer la libération de tous les débiteurs *correales*, pourvu qu'ils soient *socii*; sans quoi, ils auraient un recours contre le *correus* que le créancier a entendu libérer.

Il doit en être de même de la *litiscontestatio* engagée entre le créancier et l'un des *correi debendi*. Cette opinion ne saurait souffrir de difficultés sérieuses, même en présence de la décision consacrée par Justinien au Code, L. 28. 8. 41. Car, si, depuis cette loi,

____

(1) L. 27 pr. D. 2. 14. — (2) L. 31, § 1. D. 46. 2 : *Quum novationem similem esse solutioni existimemus.*

la *litiscontestatio* n'entraîne pas l'extinction ou l'absorption du droit vis-à-vis des *correi debendi* qui n'y ont pas figuré, ceux-ci pourront néanmoins, si le *correus* a été absous, opposer l'exception *rei judicatæ*.

B. — *Obligations purement solidaires.*

1° *Caractère de l'obligation purement solidaire.* — L'obligation purement solidaire a pour caractère que, tout en ayant pour objet une seule et même chose, elle contient autant d'obligations objectives ou réelles qu'il y a d'obligés réunis dans le rapport juridique commun; toutes ces obligations distinctes et séparées sont alternatives les unes des autres. A la différence de l'obligation corréale qui est une, l'obligation solidaire est *multiple*, tant objectivement que subjectivement, quoiqu'elle n'ait pour objet qu'une chose. En d'autres termes, par rapport à la prestation, tous les débiteurs solidaires n'en font qu'un, et, en ce qui a trait à la force, la nature et l'étendue du lien juridique, chacun des codébiteurs est considéré vis-à-vis du créancier comme seul débiteur; tous les obligés à la dette sont tenus *in totum*, mais non *totaliter*.

2° *Sources de l'obligation purement solidaire.* — Si, en thèse générale, il est vrai de dire que les obligations se divisent *ipso jure* entre tous ceux qui s'obligent simultanément, et que, partant, la solidarité est de droit exceptionnel, elle doit cependant être plus facilement admise que la corréalité, car elle est plus conforme à la nature des choses, produit des effets moins ennemis de la raison et de la volonté des parties. Aussi, toutes les fois que deux ou plusieurs personnes se soumettront au même rapport d'obligation, dans un seul et même contrat, sans intention de s'obliger comme *corréales*, elles seront présumées s'être engagées solidairement *pure in solidum*, c'est-à-dire tenues pour le tout au regard du créancier, sauf leurs rapports respectifs entre elles. Ainsi seront obligés *in solidum* les dépositaires ou commodataires de la même chose (1), les cotuteurs (2), les magistrats qui ont une administration commune (3), les habitants d'une même chambre, relativement à l'action *de effusis et dejectis* (4).

3° *Effets de l'obligation purement solidaire.* — Le principal effet consiste en ce que chaque créancier est autorisé à poursuivre l'exécution intégrale de l'obligation, comme chaque débiteur est tenu de payer la totalité de la dette sans pouvoir invoquer l'exception de division. Mais comme l'obligation purement solidaire suppose l'existence d'une association tacite, soit entre les créanciers, soit entre les débiteurs, il en résulte que le créancier pourra bien rechercher à son choix, et pour le montant intégral de la créance, le codébiteur qu'il voudra, mais à charge d'en faire état à ses cocréanciers au prorata de leur part et portion ; comme réciproquement le débiteur recherché sera tenu

____

(1) L. 1 § 43. D. 16. 3. — L. 5 § 15. D. 13. 6. — *Secùs* des déposants ou commodants qui n'ont qu'une action pour partie. L. 1 § 36. L. 14 pr. D. 16. 3. — (2) L. 15. D. 27. 3. — (3) L. 45. D. 26. 7. — (4) L. 1 § 10. L. 2 et 3. D. 9. 3.

pour le tout ; mais ayant fait l'affaire de ses codébiteurs, il jouira contre eux d'une action récursoire (1) ; car il a acquitté l'obligation, non comme sienne uniquement, mais comme lui étant commune avec ses coobligés.

Ainsi, le paiement effectué à l'un des créanciers ou par l'un des débiteurs fait disparaître d'une manière absolue, sous la réserve des conséquences du mandat tacite ou réciproque, tous les sujets de l'obligation, tant actifs que passifs (2). Sous ce rapport, il produit un effet commun et à l'obligation corréale et à l'obligation purement solidaire. Mais tout autre fait ou événement quelconque, modificatif ou extinctif de l'une des obligations autre que le paiement, c'est-à-dire le désintéressement du créancier, n'affecterait point les autres. Ici ne s'applique point la L. 18. D. 45. 2. Si donc un obligé se trouve libéré de son engagement par suite, soit d'une compensation, soit d'une remise de dette, soit d'une *litiscontestatio*, et autres faits juridiques qui s'adressent à sa personne seule, le rapport juridique commun créé entre les coobligés solidaires ne sera pas détruit au regard de tous, mais seulement au regard de celui du chef duquel s'opèrent ces faits modificatifs. Toutefois, le créancier est tenu d'avoir égard à ces événements, quoiqu'ils ne se réfèrent qu'à un seul obligé. Ainsi, par exemple, la remise de dette qu'il ferait à l'un des coobligés ne doit pas nuire aux autres ; ceux-ci ne pourront être

(1) L. 1 § 13. D. 27. 3. — (2) L. 14 § 15 D. 4. 2. L. 17. D. 4. 3.

recherchés que déduction faite de la part pour laquelle le débiteur libéré par la remise aurait dû contribuer ; sans cela, le recours qui serait dirigé contre lui par ses coobligés solidaires rendrait illusoire la remise dont il a été gratifié.

De même, en ce qui concerne les créanciers solidaires, tout événement autre que le paiement, qui libère le débiteur envers un créancier, ne saurait le libérer envers ses cocréanciers. Ainsi, la *litiscontestatio* engagée avec un créancier, à la suite de laquelle le débiteur a été absous, ne produira pas cet effet au regard des autres créanciers, qui pourront conséquemment le rechercher sans avoir à craindre l'exception *rei judicatæ* (1). Ainsi, la prescription, accomplie à l'encontre d'un créancier, ne le sera point à l'encontre des autres qui auront été plus vigilants dans la conservation de leurs droits. Toutefois, ni l'absolution du débiteur, ni l'accomplissement de la prescription, ne seront pas dénués de tout effet juridique ; le débiteur ne pourra être recherché que sous la déduction de la part du créancier à l'encontre duquel s'est accomplie la prescription ou sur la poursuite duquel est intervenue l'absolution du débiteur.

Telles sont les règles qui régissent, soit la corréalité, soit la solidarité, et leur analyse nous a montré les différences qui existent entre elles. Arrivons à la législation française.

---

(1) L. 7 § 4. D. 27. 6. L. 52 § 3. D. 46. 1 ; au contraire, le *correus* peut l'invoquer.

DEUXIÈME PARTIE.

Droit français.

A la différence du droit romain, notre Code civil ne reconnaît pas de *corréalité*; il ne consacre que la *solidarité* active ou passive, c'est-à-dire ce genre de lien juridique qui autorise chaque créancier à exiger la totalité de la créance et impose à chaque débiteur l'obligation de payer la totalité de la dette (art. 1197 et 1200). L'obligation solidaire, quoique se référant à un objet unique, contient autant d'engagements distincts et respectifs qu'il y a d'obligés, de telle sorte que le paiement effectué par un obligé, qui entraîne par lui seul l'extinction de l'obligation solidaire vis-à-vis du créancier, ne libère cependant pas les autres obligés de leurs engagements respectifs, en ce sens que ceux-ci devront rembourser à celui qui a payé tout ce qui excède sa part dans la dette commune, comme aussi le créancier qui a reçu la totalité devra en rendre compte à ses cocréanciers, au prorata de leur part et portion.

§ 1. — *Solidarité entre créanciers.*

Stipuler la solidarité active, c'est s'associer, se donner mandat réciproque, à l'effet de faire les actes nécessaires à la conservation ou amélioration de la créance, et de recevoir le paiement de la chose ou prestation stipulée; en ce sens, l'expression créanciers solidaires est synonyme de mandataires. C'est sur le fondement de ce mandat tacite ou association présumée que le Code civil, s'écartant en cela des principes admis par la législation romaine, dénie aux divers créanciers solidaires le pouvoir de disposer individuellement et d'une manière absolue de la totalité de la créance, et leur donne seulement mandat à l'effet de poursuivre et recevoir le paiement de la totalité, sauf ensuite à en faire état à ses cocréanciers au prorata de leurs parts respectives, lesquelles parts sont, en thèse ordinaire et de plein droit, présumées égales, à moins que cette présomption ne soit détruite par la preuve contraire, ou qu'il ne soit justifié que les créanciers ont des parts différentes.

Conditions de la solidarité. — Pour qu'il y ait solidarité entre créanciers, il faut que plusieurs stipulants figurent simultanément, qu'ils stipulent une même chose *idem,* qu'ils la stipulent d'une même personne *ab eodem,* qu'ils puissent chacun exiger le tout, de manière pourtant que le paiement, une fois effectué, éteigne l'obligation d'une manière absolue et définitive, c'est-à-dire au regard de tous.

Lorsque ces conditions sont remplies, il y a solidarité proprement dite, c'est-à-dire que chacun des créanciers peut exiger du débiteur la totalité de la créance, sans avoir à craindre l'exception de division. Mais quel peut être l'intérêt ou l'avantage résultant de cette solidarité? En droit romain, il était saillant, au moins pour l'obligation corréale, puisque chaque créancier pouvait obtenir le tout, se l'approprier au détriment de ses cocréanciers, auxquels il n'avait aucun compte à rendre. Mais en droit français, et sous l'empire du Code civil qui, partant d'un autre point de vue, a consacré des principes entièrement opposés, en ce sens que les créanciers sont considérés comme de simples mandataires pour ce qui excède leur propre part, et, comme tels, tenus de partager avec eux, il est difficile de l'apercevoir. Qu'importe que le débiteur soit poursuivi pour le tout par un seul créancier ou par tous les créanciers réunis? Quel est l'avantage pour le créancier de pouvoir exiger le tout, au lieu de sa part, lorsque immédiatement il doit partager avec ses cocréanciers?....... Il y a plus : L'on sait qu'il vaut mieux avoir à rendre compte qu'à en demander, que la détention des fonds est un gage de sécurité, puisque celui qui les possède est certain de ne pas perdre, tandis que les autres ayants-droit courent le risque de perdre, par suite de l'insolvabilité de celui qui a perçu le tout ; et, dès-lors, loin de présenter quelque utilité, la solidarité n'est-elle pas un danger pour le créancier confiant et de bonne foi, une arme de lucre déshonnête pour le créancier esclave du besoin ou de la mauvaise foi?..... Si cette solidarité active, que le législateur a édictée en vue et dans l'intérêt des créanciers, devait produire quelque avantage, ce serait plutôt en faveur du débiteur, qui a le choix de payer à l'un ou à l'autre des créanciers, à sa plus grande convenance, tant qu'il n'a pas été prévenu par les poursuites de l'un d'eux (art. 1198); de telle sorte que cette solidarité produirait un effet contraire à celui qu'on voulait obtenir. C'est ce qui explique pourquoi elle est d'un usage si rare (1).

Effets de la solidarité. — Les créanciers solidaires, présumés associés entre eux et mandataires respectifs à l'effet de conserver ou améliorer la créance commune, étant maîtres d'en disposer seulement à concurrence de leur part, il en résulte :

1° Que chaque créancier a le droit d'exiger l'intégralité de la créance, et que ses poursuites enlèvent au débiteur la faculté de payer à un autre ; le créancier poursuivant ne saurait être privé, par un fait personnel au débiteur, de l'avantage de toucher les fonds, d'en être détenteur quoique mandataire (art. 1198, al. 1);

2° Que la demande en justice formée par un créancier fait courir les intérêts au profit de tous (art. 1207);

3° Que la mise en demeure du débiteur opérée par un créancier profite à tous ;

4° Que l'interruption de prescription par un acte émané d'un créancier solidaire profite aux autres créanciers (art. 1199). Il en est autrement de la suspension ou même de l'interruption à raison d'un fait

(1) Il doit en être ainsi, dit M. Buguet, sur Pothier, *Traité des obligations.* Le créancier impose ordinairement la loi dans le contrat, et personne n'est disposé à laisser à d'autres le droit d'exiger ce qui lui est dû ; on aime à se réserver exclusivement l'exercice de ses droits, autant qu'on cherche à augmenter ses sûretés.

personnel, spécial à l'un d'eux, par exemple, la minorité ; la maxime que le mineur relève le majeur, l'incapable le capable, en fait de prescription, n'est vraie que dans les matières indivisibles dont les règles sont étrangères à la solidarité ; les créanciers solidaires ne peuvent exciper de ce que les droits des autres créanciers sont encore entiers. Vainement essaierait-on, pour soutenir la thèse contraire, d'établir une assimilation entre la suspension et l'interruption de prescription, car l'analogie n'existe pas ; l'on comprend que le mandant puisse exciper d'un acte interruptif émané du mandataire, mais on ne saurait comprendre que le mandant majeur puisse s'autoriser de la minorité du mandataire ;

5° Que l'acquisition d'une garantie, telle qu'une hypothèque ou cautionnement, faite par un créancier solidaire, profite aux autres.

Par la raison des corrélatifs, il semble que les créanciers solidaires doivent être atteints par les actes même préjudiciables des autres créanciers : telle était la solution consacrée dans le droit romain. En est-il de même sous l'empire de notre législation ?

Certains auteurs, partant du principe que la loi n'attribue à chaque créancier le pouvoir de compromettre la créance commune que dans la limite de sa part et portion, enseignent que le créancier solidaire n'a point mandat pour éteindre la créance en tout ou en partie par un acte quelconque, si ce n'est pour sa part dans ladite créance (art. 1198, al. 2 et arg.). A l'appui de cette doctrine, l'on fait remarquer que les actes nuisibles sont personnels et ne préjudicient qu'à ceux de qui ils émanent ; que si l'on est admis à rendre meilleure la condition d'autrui, on n'est pas autorisé à la rendre pire par son fait, nonobstant la volonté d'autrui. Si les créanciers sont censés suivre respectivement leur foi, cela doit s'entendre *civiliter* et d'après l'intention présumée des parties ; chacune d'elles a sans doute droit et qualité pour exécuter le contrat, mais faire un acte nuisible, fût-il empreint de générosité, n'est pas exécuter ; la générosité nuisible implique soupçon de fraude ou de dol.

Voyons si cette doctrine doit être admise d'une manière absolue et par rapport à tous les faits ou actes qui éteignent ou modifient la créance commune.

Et d'abord, la remise de la dette faite par l'un des créanciers solidaires ne libère le débiteur que pour la part de ce créancier. Telle est la décision formellement écrite dans l'art. 1198, al. 2. Le législateur compare la remise de la dette au pacte *de non petendo*, lequel n'était qu'un mode d'extinction prétorien, produisant une simple exception et ne pouvant nuire qu'à celui qui avait pactisé. L. 27. D. 2. 14.

Le serment déféré par l'un des créanciers solidaires ne libère pareillement le débiteur que pour la part de ce créancier (art. 1365, al. 2). Les rédacteurs ont considéré le serment comme un pacte de remise conditionnel, et se sont éloignés, à cet égard, de la doctrine consacrée par le droit romain et notre ancien droit, suivant laquelle le serment était assimilé à un.

mode d'extinction du droit civil, opérant libération complète et absolue (1).

De même la novation et la transaction faite par l'un des créanciers solidaires avec le débiteur, ne libèrent ce dernier que pour la part du créancier ; car, pour cette part, elles valent nécessairement remise de la première obligation.

La confusion n'est point non plus un mode d'extinction absolue ; *magis personam debitoris eximit ab obligatione quam extinguit obligationem.* « Lorsque, dit » Pothier (*des oblig.*, n° 276), l'un des débiteurs » solidaires est devenu l'unique héritier du créancier, » la dette n'est point éteinte contre les autres débi- » teurs. Mais il ne peut exiger la créance de ces der- » niers que sous la déduction de la part dont il en est » tenu vis-à-vis d'eux ; et s'il y en a quelqu'un d'in- » solvable, il doit, en outre, porter sa part de la por- » tion de l'insolvabilité. Il en est de même dans le cas » inverse, lorsque le créancier est devenu l'unique » héritier de l'un des débiteurs solidaires. » C'est ce qui est expressément consacré par notre Code (art. 1209).

« Et dans le cas, ajoute M. Bugnet, où le créancier » ne devient héritier que pour partie de l'un des » débiteurs, il conserve son action solidaire contre » chacun des autres débiteurs, sous la déduction » seulement de sa part héréditaire dans celle que son

______

(1) L. 28. D. 12. 2. *In duobus reis stipulandi, ab altero delatum jusjurandum etiam alteri nocebit.* Celui qui jure ne rien devoir, disait Cujas, est considéré comme celui qui ne doit rien.

» auteur devait supporter en définitive ; mais contre
» ses cohéritiers il n'a qu'une action en proportion de
» leurs parts héréditaires dans le total de la dette. »

Quid juris de la compensation? Suivant notre législation, la compensation opère de plein droit par la seule force de la loi, et tient lieu de paiement, *est instar solutionis*. Elle devrait donc, comme le paiement, entraîner la libération du débiteur par rapport à tous les créanciers. Mais la loi en a autrement disposé; les rédacteurs du Code ont considéré la compensation comme une exception personnelle, pouvant être invoquée ou opposée par ou contre celui seulement du chef duquel elle s'est opérée (Art. 1294, al. 3). Cette disposition est-elle bien rationnelle?

D'après la L. 10. D. 45. 2, le codébiteur solidaire ne pouvait opposer la compensation opérée du chef de son codébiteur, qu'autant qu'ils étaient entre eux associés, par cette raison que, s'ils n'étaient pas *socii*, celui qui payait se trouvait sans recours à diriger contre ses coobligés pour en obtenir le remboursement de ce qui excédait sa part. Or, dans notre droit, les codébiteurs solidaires étant de plein droit réputés associés, il eût fallu, pour reproduire la pensée fort logique du jurisconsulte romain, admettre le codébiteur solidaire à opposer la compensation de ce que le créancier devait à l'autre codébiteur solidaire.

Pareillement, si la compensation s'opère du chef et dans la personne de l'un des créanciers solidaires, le débiteur doit être autorisé à l'opposer, non-seulement au créancier qui est devenu son débiteur personnel, mais encore aux autres créanciers solidaires. En effet, tant qu'il n'est pas prévenu par des poursuites judiciaires, le débiteur a le choix de payer à l'un ou à l'autre des créanciers; et, dès-lors, qu'importe qu'il paie au créancier, devenu son débiteur, à deniers comptants et découverts, lorsqu'il a le droit de les reprendre de suite? A quoi bon ces virements d'écus, ces traditions inutiles que la loi a précisément voulu éviter au moyen de la compensation? Qui compense, paie, dit un brocard; la compensation opérant de droit, c'est comme s'il avait payé en espèces; car, à la différence de la remise gratuite où il n'y a pas de paiement, dans la compensation il y en a un, bien réel, dans le fond des choses.

Vainement objecterait-on que cette doctrine ouvre la porte à la fraude, en ce que l'un des créanciers, de collusion avec le débiteur, donnera quittance comme s'il avait reçu le paiement, ou qu'il déguisera sous le voile de la compensation une remise de la dette intégrale qu'il lui fera moyennant un prix ou récompense. Nous répondrions, en premier lieu, que, s'il donne quittance constatant le paiement, il confesse, par cela même, avoir reçu les espèces, et partant tenu d'en faire compte à ses cocréanciers; en second lieu, que, s'il simule une compensation quand il n'a fait en réalité qu'une remise moyennant réduction, la preuve de la simulation sera toujours admissible; et enfin que, si ces moyens ne peuvent déjouer la fraude, c'est, en définitive, aux créanciers à s'imputer la con-

fiance qu'ils ont placée dans leur cocréancier qui en
a abusé.

Que décider, quant aux jugements rendus entre les
créanciers et les débiteurs solidaires?

D'abord, et en ce qui concerne les cocréanciers, il est
hors de doute que le jugement rendu contre le débiteur au profit de l'un des créanciers peut être invoqué
par les autres créanciers solidaires, réputés, à cet
égard, avoir été représentés en justice. Mais il y a
controverse sur la question de savoir si le jugement
rendu au profit du débiteur contre l'un des créanciers
solidaires entraîne sa libération complète vis-à-vis de
tous les créanciers.

Pour la négative, on prétend que les créanciers
peuvent bien se prévaloir des jugements obtenus par
leur cocréancier, quand ils tendent à rendre leur condition meilleure, mais ne peuvent se voir opposés
ceux qui entameraient leurs droits; que, pour ces
derniers, ils sont considérés comme des tiers, et, partant, non atteints par l'art. 1351 sur l'autorité de la
chose jugée. On ajoute que la chose jugée n'est pas
un paiement, mais produit seulement une présomption
ou qu'il n'y a pas eu de dette, ou que celle qui exis-
tait a été éteinte, présomption qui n'a d'effet qu'entre
les parties au procès et leurs héritiers (1).

Pour l'affirmative, qui me paraît préférable, on
répond que la distinction entre les jugemements favorables et les jugements défavorables est purement

(1) Bonnier, *des Preuves*, N° 701. Duranton, XI, 179.

gratuite; que les créanciers solidaires sont de droit réputés mandataires réciproques pour tout ce qui concerne la créance commune, sauf à attaquer par tierce-opposition les jugements qu'ils prétendraient être le résultat de la collusion, et que si quelqu'un d'entre eux, par négligence ou incapacité, n'a pu faire triompher ses prétentions en justice, c'est, en définitive, aux autres créanciers à s'imputer d'avoir mis en lui leur confiance. On ajoute que la loi attribue à chacun d'eux le droit de demander le paiement du total de la créance, et que c'est lui enlever ce droit que d'admettre qu'il n'a déduit en justice que sa part dans la créance, le surplus restant intact au profit des autres. Enfin, cette opinion consacre une juste réciprocité : Si les créanciers peuvent invoquer les jugements favorables obtenus par un des créanciers, pourquoi ne se verraient-ils pas opposés ceux rendus contre lui?.... D'ailleurs, la doctrine contraire conduirait à cette étrange conséquence que, le créancier, déclaré par le jugement mal fondé dans sa demande, sans aucun droit dans la créance, viendrait pourtant, dans le cas où ses cocréanciers triompheraient ultérieurement, prendre sa part dans cette créance commune; de telle sorte que ce créancier obtiendrait, indirectement et par le fait de ses cocréanciers plus heureux que lui, ce qu'il n'a pu obtenir directement et par ses propres poursuites (1).

Relativement aux débiteurs solidaires, il est certain

(1) Toullier, X, 204. Proudhon, *de l'usufruit*, III, 1322.

que le jugement obtenu par un d'entre eux profite aux
autres, et que celui rendu contre un débiteur solidaire
ne lie pas les autres, s'ils ont des exceptions personnelles à faire valoir, indépendamment de la faculté,
dans tous les cas, d'attaquer par la voie de la tierce-
opposition ceux qui leur paraîtraient être le fruit de
la collusion. Mais *quid* du jugement obtenu contre l'un
des débiteurs solidaires et qui a rejeté une exception
réelle ou commune à tous? Aura-t-il l'autorité de la
chose jugée au regard de tous les codébiteurs?

En faveur de la solution négative, on soutient que
les exceptions réelles contre la dette appartiennent à
tous et à chacun des débiteurs comme autant de
moyens personnels, et que celui qui les a proposées
n'a pu, par ce seul fait, dépouiller les autres codébiteurs du droit de les proposer à leur tour. On fait,
en outre, remarquer que, si les actes du créancier
ayant pour objet de maintenir ses droits tels quels,
produisent effet au regard de tous les débiteurs, il
ne saurait en être de même des actes qui tendent à
consolider ses droits, améliorer sa position (1).

Mais cette doctrine nous paraît contraire à la nature
du lien juridique, qui astreint les coobligés solidaires
que la loi constitue mandataires respectifs pour tout
ce qui concerne la dette commune. Que l'on autorise
les débiteurs à attaquer, par tierce-opposition, les
actes nuisibles faits par l'un d'eux, rien de plus juste
assurément; mais les autoriser à repousser un juge-

(1) Zachariæ, V. § 769, note 42.

ment obtenu sans fraude ni collusion contre l'un d'eux, et rejetant une exception réelle, c'est méconnaître la position des codébiteurs les uns à l'égard des autres, c'est forcer le créancier à faire juger le mérite de la même exception autant de fois qu'il y a de débiteurs. Or, nous le demandons, n'est-ce pas là violer ouvertement les règles sur l'autorité de la chose jugée? Ainsi, le créancier a obtenu un jugement qui déclare mal fondée l'exception réelle tirée de ce que la dette n'existe point; cette décision judiciaire ne proclame-t-elle pas la validité de la créance d'une manière absolue, *in rem*, par rapport à tous ceux qui peuvent l'avoir consentie? A quoi bon remettre en question cette exception déjà jugée? De deux choses l'une : ou le créancier obtiendra de nouveaux jugements conformes au premier, et alors pourquoi cette multiplicité inutile de décisions? ou bien il obtiendra des jugements contraires au premier, et alors quel scandale judiciaire! quelles bizarres conséquences! Le créancier impuissant à poursuivre les derniers débiteurs, recouvrera cependant du premier le montant de la créance!!.... Et puis ce débiteur qui a payé la totalité aura-t-il ou non une action récursoire contre ses codébiteurs, déclarés, il est vrai, dégagés envers le créancier, mais qui pourtant se sont obligés solidairement avec lui? Tout cela me paraît plus que suffisant pour démontrer l'inexactitude de la thèse que nous combattons (1).

(1) Toullier, X, 202 et 203.

§ 2. — *Solidarité entre débiteurs.*

Autant la solidarité active est rare, autant la solidarité passive est fréquente, car elle offre une utilité sérieuse, des avantages certains, en ce sens qu'elle est une cause de crédit pour les débiteurs, un gage de sécurité pour les créanciers autorisés à poursuivre à leur choix, pour la totalité de la dette, le débiteur qui, par sa position financière, paraît pouvoir offrir satisfaction plus prompte et plus exacte.

Conditions de la solidarité. —Comme la solidarité est une exception au droit commun qui consacre le fractionnement de l'obligation en autant de parts qu'il y a de débiteurs, il faut que ceux-ci aient entendu s'associer entre eux, de manière à être considérés, au regard du créancier, comme une seule et même personne représentée par chacun d'eux, et, pour cela, il faut qu'il y ait plusieurs promettants ; qu'ils promettent une même chose ; qu'ils la promettent chacun pour le tout, de manière pourtant que le paiement, une fois effectué par l'un d'eux, opère la libération de tous.

Du reste, si tous les codébiteurs solidaires sont, vis-à-vis du créancier, réputés se confondre et se résumer en une seule personne, le lien juridique auquel ils se soumettent est distinct, et doit être apprécié individuellement, quant à sa nature, sa force, on son étendue. Ainsi, l'un des débiteurs peut être obligé purement et simplement, un autre à terme, un troisième sous condition (art. 1201). D'où la conséquence que l'engagement d'un débiteur peut être frappé d'invalidité pour un vice quelconque, sans que cette circonstance puisse influer sur la validité des engagements des autres; d'où encore cette conséquence que chacun des débiteurs ne peut se prévaloir que des exceptions qui lui sont personnelles (art. 1208). De même, l'issue favorable à un débiteur des poursuites dirigées contre lui ne saurait former obstacle à ce que de nouvelles poursuites soient ultérieurement exercées contre un autre débiteur (art. 1204).

J'ai dit plus haut qu'une condition de la solidarité était la présence de plusieurs promettants; mais faut-il qu'ils figurent tous simultanément dans l'agissement? En d'autres termes, la solidarité peut-elle résulter d'engagements pris successivement et par actes séparés, mais se référant à la même dette?

Sous l'empire de la législation romaine, il est incontestable que les promettants, pour être *correi debendi*, n'avaient pas nécessairement besoin de figurer simultanément dans la formation de l'obligation. Il est certain que, soit les débiteurs, soit les créanciers *correales*, pouvaient être, ou tous principaux, placés sur le même plan, ou les uns principaux, les autres accessoires, comme dans la *fidejussio* (1) ou l'*adstipulatio* (2). D'un autre côté, deux ou plusieurs promettants pouvaient s'engager dans les liens de la corréalité, nonobstant un certain intervalle de temps qui se serait écoulé entre la réponse de l'un et celle de l'autre ou des au-

____

(1) Just. Inst. l. 3. tit. 20 § 3. — (2) Gaïus, III. 110, 112, 113.

tres, à la condition toutefois que cet intervalle fût peu considérable, *modicum*, disent les textes (1). Conséquemment, et sous l'empire de ces principes, la question eût reçu une solution affirmative. En sera-t-il de même en droit français ?

Pour bien préciser la question, posons un exemple : Je stipule de Pierre qu'il me paiera les mille francs que Paul me doit déjà, en vertu d'un titre précédent. Pierre devra-t-il être considéré comme débiteur solidaire avec Paul de la somme unique de mille francs ? D'abord, si l'engagement nouveau ne se référait pas au premier, quoiqu'il eût le même objet, il est évident qu'il y aurait autant d'obligations que de titres distincts et séparés. Que si, et telle est la question, les deux engagements se réfèrent à une même dette, ils ne sauraient cependant former, par leur réunion, une même et identique obligation qui fût multiple subjectivement. Il ne peut pas y avoir solidarité entre deux personnes qui n'ont pas simultanément concouru, par leur volonté, à former ce lien rigoureux de la solidarité, avec d'autant plus de raison que la solidarité, exception au droit commun, ne saurait s'établir par voie d'interprétation, en-dehors de la volonté de l'homme ou de celle du législateur. Comment donc expliquer la nature et l'étendue de cet engagement ?

Laissant de côté les principes de la législation romaine, en matière de corréalité, et m'attachant uniquement aux règles du Code, je crois pouvoir dire

____

(1) L. 6 § 3 et L. 12 pr. D. 45. 2.

que la question doit être tranchée dans un sens autre
que celui donné par les auteurs (1). Quand Pierre
s'engage à me payer les mille francs que Paul me doit
déjà, Pierre contracte certainement une obligation
nouvelle, mais non indépendante de celle de Paul.
Sans doute, je ne pourrai pas me dire créancier et de
Pierre et de Paul pour mille francs chacun; mais, de
ce que cette prétention est inadmissible, il n'y a pas
de raison pour vouloir considérer ces deux débiteurs
comme solidaires. De deux choses l'une :

Ou j'entends décharger Paul de son obligation pour
m'attacher uniquement à celle de Pierre, et alors il y
a novation subjective par voie d'expromission, c'est-à-
dire, changement de débiteur, sans ou malgré le consentement du premier débiteur ;

Ou j'entends laisser Paul dans les liens de l'obligation originaire, et alors il y a purement et simplement
accession à cette obligation (*adpromissio*), un véritable
cautionnement, *susceptio in se alienæ obligationis*. Les
mots « que Paul me doit déjà, » n'ont d'autre portée
que celle de préciser la dette ; ils sont ce que l'on ap-
pelle *demonstrationis causa*.

Maintenant, et avant de passer aux effets de la solidarité, il importe de faire une précision. Dire que deux
ou plusieurs débiteurs sont solidaires, c'est dire, non
pas seulement qu'ils sont tenus chacun pour le tout,
mais encore qu'ils sont mandataires respectifs, en ce
qui touche le lien juridique commun qui les unit. C'est

(1) V. Toullier et Duranton.

qu'en effet autre chose est se constituer codébiteurs solidaires, autre chose être tenus pour le tout, *aliud est teneri totaliter, aliud teneri in totum.* Au premier cas, il y a communauté, association volontaire, en suite de laquelle les codébiteurs solidaires, liés entre eux par des rapports d'intérêt commun et par l'effet d'une volonté propre et spontanée, sont mandataires respectifs avec mission de se représenter mutuellement vis-à vis du créancier. Au second cas, il n'y a que réunion ou juxtaposition accidentelle, indépendante de leur volonté, de deux ou plusieurs personnes juridiquement obligées sans se connaître, sans avoir entre elles de rapports ou d'intérêts communs.

Cette différence de position n'est pas formellement signalée dans les textes, n'a pas reçu de consécration légale; mais, comme il importe d'éviter toute confusion, la doctrine doit assigner à chacune de ces situations un caractère et une désignation propres; et suivant qu'il y aura association volontaire, mandat réciproque et irrévocable à l'effet de se représenter, ou bien simple réunion de fait, juxtaposition fortuite, il y aura *solidarité parfaite* ou *solidarité imparfaite*, pour adopter la terminologie de certains commentateurs. Chacune d'elles produisant des effets différents, examinons-en successivement les principaux.

Effets de la solidarité parfaite. — Tous les codébiteurs solidaires étant censés ne former qu'une seule personne vis-à-vis du créancier, il en résulte :

1° Que chacun d'eux est tenu de la totalité de la dette sans pouvoir opposer l'exception de division, comme aussi il a droit à payer le tout nonobstant le créancier qui en demanderait la division (1);

2° Que les poursuites dirigées contre l'un des débiteurs ou sa reconnaissance interrompent la prescription au regard de tous (art. 1206 et 2249);

3° Que le paiement effectué par l'un d'eux libère tous les autres envers le créancier (art. 1200);

4° Que les poursuites faites contre l'un des débiteurs ne forment point obstacle à ce que de pareilles poursuites soient dirigées contre les autres : le créancier peut, à son choix, abandonner l'action dirigée contre l'un d'eux et rechercher les autres, soit successivement, soit simultanément, à la différence du droit romain, du moins sous le système formulaire, où la *litiscontestatio* opérait novation de la créance ;

5° Que la perte de la chose due, arrivée par la faute ou pendant la demeure de l'un d'eux, est pour le compte de tous, qui sont tenus d'en payer la valeur représentative, sans préjudice, en outre, de dommages-intérêts vis-à-vis de celui par la faute ou pendant la demeure duquel la chose a péri, à moins qu'il ne soit prouvé que la chose eût également péri entre les mains du créancier (art. 1205, cbn 1302). La faute ou la demeure de l'un d'eux préjudicie aux autres *ad conservandam et perpetuandam obligationem*, mais non *ad augendam;* les extensions sont personnelles et

(1) Req. rej., 15 mars 1827. Sir. XXVII, 1, 378. — Il peut, du reste, appeler en cause ses codébiteurs qui lui doivent garantie. (Art. 1213 et C. de pr. civ., art. 175.)

ne sauraient réfléchir sur les autres; la solidarité, qui est de droit étroit, doit se renfermer aux prestations, soit principales, soit accessoires qui font l'objet de l'obligation originaire et ne saurait s'étendre aux obligations nouvelles et ultérieures, engendrées par la faute ou la mise en demeure de l'un d'entre eux. C'est pour ces raisons que l'art. 1207, édicté contrairement au droit romain et à l'ancienne jurisprudence française, a été regardé par les commentateurs comme peu juridique, anormal, puisque les intérêts moratoires que fait courir la mise en demeure, constituent une véritable extension de l'obligation primitive (1). Cette inconséquence est probablement le fruit d'une fausse assimilation entre les effets de l'interruption de prescription et ceux de mise en demeure.

Effets de la solidarité imparfaite. — Les codébiteurs solidairement tenus, n'étant pas mandataires ou représentants les uns des autres, il en résulte :

1° Que les poursuites exercées contre l'un d'eux n'interrompent pas la prescription à l'égard des autres;

2° Que la mise en demeure de l'un n'opère pas contre les autres;

3° Que la perte de la chose due par la faute ou pendant la demeure de l'un d'eux libère les autres;

4° Que la demande d'intérêts formée contre l'un d'eux ne les fait pas courir contre les autres;

(1) Cependant M. Dalloz, v° *Obligations*, pense que cette innovation se justifie par des raisons d'équité.

5° Que le jugement obtenu par ou contre l'un d'eux ne profite ni ne préjudicie aux autres.

Ces différences une fois indiquées, voyons quelques effets communs à l'une et à l'autre solidarité.

Et d'abord, tous les codébiteurs solidaires ou solidairement tenus sont autorisés à faire usage de toutes les exceptions qui ne sont point purement personnelles à l'un d'eux (art. 1208).

D'autre part, et dans leurs rapports respectifs, les codébiteurs doivent réciproquement se faire état de tout ce qui peut leur être avantageux, comme aussi, par la raison des contraires, celui qui a été contraint de payer, à lui seul, l'intégralité de la prestation, est autorisé à répéter de chacun d'eux, la part pour laquelle ils doivent contribuer, avec intérêts à dater du jour du paiement (art. 1213 et 1214).

Au surplus, la solidarité étant une modalité de l'obligation et constituant un avantage précieux pour le créancier, celui-ci peut y renoncer; mais, comme toute renonciation en général, la renonciation à la solidarité ne se présume pas facilement; elle doit être expresse ou résulter d'actes qui ne laissent aucune équivoque; dans le doute, la solidarité doit être conservée (v. art. 1210 à 1216).

Tels sont les principes qui régissent la solidarité en général; tels sont les effets principaux qui en découlent. Voyons maintenant quel est le fondement de la solidarité.

Et d'abord l'on sait que la solidarité émane directement ou de la volonté de l'homme ou de celle de la loi;

l'on sait également que le *criterium* qui permet de distinguer la solidarité parfaite de la solidarité imparfaite, consiste dans l'esprit d'association ou de mandat tacite qui unit les divers obligés. Or, la volonté de l'homme ou de la loi donnera-t-elle naissance à la solidarité parfaite comme à la solidarité imparfaite? Je crois qu'il faut distinguer: à mon avis, la solidarité parfaite peut émaner, soit de la convention, soit d'une disposition de loi; la solidarité imparfaite ne peut, au contraire, résulter que de la volonté législative. Je m'explique.

Soumettre deux ou plusieurs débiteurs au lien de la solidarité parfaite, c'est les constituer associés entre eux, mandataires respectifs au regard du créancier. Ce résultat est fort naturel lorsque les parties copromettantes figurent ensemble dans le contrat; le fait de se constituer débiteurs pour le tout, leur présence simultanée emportent l'idée d'association en ce qui touche la nature et les conséquences du lien juridique qui les enchaîne. Ce résultat est encore naturel quand il s'agit d'un agissement à raison duquel la loi considère les codébiteurs comme solidaires, lorsque le législateur, interprétant les circonstances et l'intention probable des parties, analysant les divers rapports ou relations de la vie civile, ne fait que consacrer ce que les parties auraient elles-mêmes stipulé. D'ailleurs, la volonté du législateur doit avoir une énergie et une puissance égales à la volonté de l'homme. C'est ainsi que le mandat confié par deux ou plusieurs personnes à un seul mandataire, qui donne à celui-ci une action solidaire contre chacun des mandants, par la raison

qu'il est censé avoir reçu l'ordre de faire pour chacun
et pour le tout l'affaire commune dont il s'est chargé,
engendre une solidarité parfaite qui est, non-seulement rationnelle, mais encore éminemment morale,
en ce qu'elle protége le mandataire dont l'office est
empreint de la couleur du dévouement et du service
contre les injustices de la déloyauté et de l'ingrati-
tude (1). Il en est de même du commodat ou prêt à
usage (art. 1887) dans lequel les emprunteurs sont
réputés s'être associés pour faire l'emprunt, avec mandat de se représenter réciproquement vis-à-vis le créancier. Ainsi donc la solidarité parfaite peut être, soit
conventionnelle, soit légale.

Au contraire, dire que l'on contracte une obligation
in solidum, que l'on stipule la solidarité imparfaite,
c'est dire que deux ou plusieurs personnes s'engagent
bien pour le tout, mais sans esprit d'association ou
communion de volonté. D'où il résulte que cette solidarité ne saurait jamais être conventionnelle, mais
seulement légale, c'est-à-dire imposée par la loi à
plusieurs personnes individuellement tenues pour le
tout, étrangères les unes aux autres.

Laissons maintenant le Code civil, et jetons un coup-
d'œil rapide sur la législation commerciale d'abord et
puis sur la législation criminelle. Ce sera l'objet d'un
appendice que nous diviserons en deux sections.

---

(1) *Sensus* du mandat confié par un mandant à deux ou plusieurs
mandataires (art. 1995); c'est une dérogation au droit romain.

APPENDICE.

Section 1re. — *Législation commerciale.*

Tandis que le droit civil repousse, en thèse générale, la solidarité comme anormale, exceptionnelle, la pratique commerciale l'admet, au contraire, comme l'expression d'un principe naturel, comme formant le droit commun. Telle a été la coutume établie par l'accord unanime et tacite des commerçants et positivement consacrée par notre ancienne jurisprudence dans l'ordonnance du commerce de 1673, titre 4, art. 7. « Deux marchands, dit Pothier, qui achètent
» ensemble une marchandise, quoiqu'ils n'aient d'ail
» leurs aucune société entre eux, sont censés associés
» pour cet achat, et, comme tels, ils sont obligés
» solidairement, quoique la solidarité ne soit pas
» exprimée. Bornier rapporte un arrêt du parlement
» de Toulouse qui l'a ainsi jugé, et cela a passé en
» maxime. »

Cependant notre Code de commerce n'a pas formulé cette maxime; il s'est borné à prononcer la solidarité dans certains cas et pour certains agissements commerciaux, c'est-à-dire qu'il a fait une disposition spéciale et exceptionnelle de ce qui était un principe général. Ainsi, lorsque deux associés commerçants (1)

____

(1) Secùs en matière civile (art. 1862, Code civil).

souscrivent ensemble une obligation, que deux ou plusieurs commerçants signent, acceptent ou endossent une lettre de change ou un billet à ordre, tous seront tenus à la garantie solidaire de leurs engagements (art. 22, 28, 140 et 187, Cod. com.). Mais, en dehors de ces hypothèses, et conformément à la règle d'interprétation suivant laquelle doit rester soumis au Code civil tout ce qui n'est pas expressément excepté par la loi commerciale, il faudra s'en tenir à la règle générale posée dans l'art. 1202, et refuser d'appliquer la solidarité à toute obligation souscrite par des commerçants non associés qui n'auront pas formellement convenu de la solidarité. Il est vrai toutefois d'ajouter que cette solution n'est pas admise par la jurisprudence qui a proclamé que l'obligation souscrite par deux commerçants non associés est de plein droit solidaire (1).

Qui donc, se demande M. Frémery, a eu raison ; ou des commerçants qui ont ainsi interprété une obligation collective, ou des jurisconsultes qui l'auraient interprétée dans un sens opposé ? Quelle est l'origine de cette coutume commerciale ?

Cet auteur a cru la trouver dans les principes de la législation romaine, dans les formes solennelles de la stipulation, et pense que le commerce a eu raison de repousser la doctrine du droit civil, et de conserver la solidarité tacite ou légale qui, conforme à la raison,

___

(1) V. Cass., 17 février 1830 (Dall. 30. 1. 130); Bordeaux, 19 juillet 1830 (Dall. 31. 2. 74).

à la bonne foi, se serait, d'après lui, de plein droit, implantée à Rome dans tous les contrats passés entre commerçants. Cette explication n'est d'ailleurs que le corollaire de la thèse qu'il défend, savoir que le droit commercial a une vie propre, une indépendance complète, une allure originale qui le distinguent et le séparent du droit civil ; il repousse toute influence ou domination que le droit civil voudrait exercer sur le droit commercial, lequel, plus ami de la tradition, des usages, des besoins, rejette sur le second plan les doctrines scientifiques auxquelles le droit civil aime à se soumettre plus docilement, et à s'attacher plus scrupuleusement (1).

Mais je pense que M. Troplong (2) a victorieusement réfuté cette opinion plus ingénieuse et conjecturale que positive et conforme aux monuments de la jurisprudence. Il a démontré, par l'analyse des textes, que la solidarité n'a pas été admise, à Rome, de plein droit ; que, pour avoir traité avec deux ou plusieurs commerçants, on n'était pas censé avoir suivi leur foi *in solidum ;* mais plutôt que chacun n'était tenu que pour sa part et portion, ce qui était en parfaite harmonie avec la grande règle de la division légale du droit et de l'obligation. Ce n'est donc pas dans la stipulation que l'on peut trouver l'origine de la solidarité. Pour M. Troplong, « tout ce qu'il y a de plus

____

(1) Fremery, op. cit. chap. 2. — Delamarre et Lepoitvin, op. cit. t. 1 n° 6 ; t. 2 n°s 12, 14 et 19.

(2) *Contrat de Société,* t. II, n° 850 à 854 et 1070.

» vraisemblable, c'est que l'usage a étendu à tous les
» genres de commerce ce que l'utilité publique avait
» fait établir à Rome pour le commerce de banque et
» ce qui avait lieu dans les opérations faites par des
» institeurs. » Ce sont donc les nécessités du crédit
qui ont fini par faire admettre la solidarité comme de
droit commun dans les relations commerciales. Mais
vouloir soutenir, en thèse, que le droit commercial
est un droit spécial, *sui generis*, ayant des règles propres et un empire à part, c'est se montrer fortement
préoccupé de la faveur du commerce. Que le droit
commercial revendique certains priviléges, un certain
dégagement des formes scientifiques, rien de plus
naturel; mais aller jusqu'à réclamer une séparation
absolue du droit civil, c'est aller trop loin. Si le commerce repose sur les usages, sur la coutume, il repose
aussi sur la loi et la science. Le droit civil est la loi
primordiale, la base fondamentale à laquelle doit se
soumettre le droit commercial.

Quoi qu'il en soit, ce qu'il y a de certain, c'est,
comme l'observe M. Fremery, le contraste frappant
d'une proposition vraie pour les commerçants, et d'une
proposition diamétralement opposée, et cependant également vraie, pour ceux qui ne font pas le commerce.
Du reste, pour la plupart des agissements commerciaux, la solidarité existera de droit, et l'affranchisse-
ment de la solidarité formera l'exception. On ne peut
en être déchargé que par l'effet d'une stipulation expresse à cet égard. Et cette décharge doit être interprétée restrictivement; d'où la conséquence que celle

stipulée par un des signataires ne saurait profiter aux autres, alors que ces derniers ont témoigné, par leur silence, de l'intention de rester sous l'empire de la règle générale.

Section II. — *Législation criminelle.*

A l'exemple du droit commercial, la législation criminelle a également admis la solidarité de plein droit, à l'effet d'obtenir le paiement des amendes, restitutions, dommages-intérêts et frais, contre les auteurs et complices d'un même crime ou délit. Le lien de la solidarité constitue une garantie sérieuse : est-il conforme à la raison, à l'équité?

La philosophie enseigne que les fautes sont personnelles, que chacun répond de ses actes, mais de ses actes propres, fruits d'une libre détermination et des suites ou conséquences directes qui en découlent. Or, il peut arriver qu'un crime ou délit soit commis par plusieurs personnes inconnues ou étrangères l'une à l'autre, sans préméditation ou concert réfléchi; chacune d'elles a concouru au méfait, chacune a joué un rôle dans la perpétration. Doit-on, dans cette hypothèse, leur imposer la solidarité, à raison des frais exposés? Il est difficile de le penser : les circonstances sont telles qu'elles excluent toute communion de volonté. Tous ont participé au crime ou délit; mais, en quelque sorte, accidentellement. Leur rôle a été individuel, exclusif, leurs actes isolés, quoique convergeant vers un même but, quoique ayant produit un même résul-

tat. Telle est l'opinion, quoique contraire à la jurisprudence de la Cour suprême, de MM. Chauveau et
Faustin-Hélie (1).

Que si le crime ou délit est commis par plusieurs
agissant ensemble, d'accord, dans le même lieu, envers la même personne, dans le même temps; s'il y
a complicité parfaite, concert prémédité, communion
de sentiment, de volonté, d'action, il paraît plus naturel de prononcer, en ce cas, la solidarité; car chacun est censé avoir agi pour le tout, chacun est réputé
avoir commis le méfait seul, de sa propre liberté,
abstraction faite de toute participation. Et cependant,
même dans cette hypothèse, la solution me paraît
douteuse. La présomption qui fait que, au cas de
concert réfléchi, chacun des codélinquants est réputé
avoir seul délinqué, être seul la cause du méfait, est
en opposition flagrante avec les faits et circonstances
du délit. D'un côté, il n'est point certain que, si l'un
des délinquants sur lequel on veut imprimer le lien
de la solidarité se fût abstenu, le méfait n'eût pas été
également commis par les autres; d'un autre côté,
on ne tient pas suffisamment compte de la participation des autres coupables; ceux-ci étaient présents
au complot, à la perpétration, rien ne peut faire
qu'ils ne fussent pas présents et participants. Cela
est tellement vrai, que la loi n'a pu refuser à
celui des condamnés qui a été contraint de payer
l'intégralité des amendes et autres frais, le droit

____

(1) *Théorie du Code pénal*, t. I, p. 211.

d'exercer son recours contre chacun de ses cocondamnés, à concurrence de la part pour laquelle ils doivent
y contribuer; ce qui mène, en définitive, à cette conséquence que chacun doit payer sa part et rien que
sa part. Sans doute, la solidarité ne portera pas un
grave préjudice lorsque tous les condamnés seront
solvables, et, dès-lors, ne peut point soulever de vives
critiques, à raison de l'avantage ou privilége qui en
résulte pour le fisc; mais il en est bien autrement
dans le cas d'insolvabilité de quelques-uns d'entre eux.
Dans cette hypothèse, la solidarité cause un préjudice
sérieux au condamné solvable recherché pour le tout,
et le recours dont la loi le gratifie est complètement
dérisoire Que l'on favorise le trésor public, dont les
intérêts sont assurément respectables, rien de mieux;
mais qu'on le favorise au détriment d'autrui, voilà ce à
quoi un esprit équitable ne saurait donner son assen-
timent. Si, en somme, quelqu'un doit perdre, pourquoi ne serait-ce pas le fisc aussi bien que tout autre?...
Encore, si ce n'était que sur le condamné solvable
que devaient retomber les conséquences de la solidarité, le cri de la conscience et de l'équité serait
moins énergique, puisque le condamné qui a mé-
connu ses devoirs, qui s'est révolté contre la société,
n'inspire, après tout, qu'une faible pitié; mais il y a
la famille du condamné qui, quoique innocente, va
en supporter le contre-coup; ce sont ses enfants qui,
après avoir travaillé à faire fleurir le patrimoine commun, le verront s'échapper et disparaître, et, comme
si ce n'était pas assez du déshonneur et de l'infamie

qui rejaillissent sur eux, il faudra ajouter la douleur de se voir enlever la substance commune, à laquelle pourtant le législateur a voulu qu'ils eussent un droit presque insaisissable. L'on a dit, en matière de successions, et avec un désintéressement qui honore les rédacteurs du Code civil, que l'État ne doit venir qu'en dernière ligne, *fiscus post omnes.* Pourquoi les rédacteurs de la législation criminelle n'ont-ils pas suivi cet exemple? Que, pour arriver au remboursement des avances faites par le trésor, la loi fasse supporter au condamné sa part de frais, rien de plus équitable; le paiement des frais constitue une charge grevant le patrimoine du condamné au moins du jour où le jugement est irréfragable. Mais que l'on augmente sa part sous le prétexte et à raison de la circonstance toute fortuite que ses cocondamnés sont insolvables, c'est là une injustice criante; sans doute, l'intérêt du fisc est respectable, mais celui du condamné et surtout de sa famille est non moins respectable et sacré. Si la logique mène à l'absurde, comme on le dit souvent, la faveur ou le privilége conduit à l'iniquité.

Mais si chacun des codélinquants condamnés doit supporter sa part contributoire, et rien que cette part, comment la fixer? Sera-ce eu égard à la participation, à la coopération active, que chacun d'eux aura prise à la perpétration, en d'autres termes, eu égard au degré de culpabilité, ou bien devra-t-on poser une règle absolue, invariable, suivant laquelle chacun en supportera une part égale?

En thèse générale, s'il est possible de déterminer

d'une manière certaine la part individuelle de chaque délinquant dans l'acte incriminé, il paraîtrait équitable que le juge fût autorisé à faire entre les condamnés une juste répartition des condamnations prononcées. Cette opinion a été émise par la Cour d'appel de Lyon (5 janvier 1821), et adoptée par MM. Chauveau et Faustin-Hélie (1); elle est, du reste, en harmonie avec le principe de droit criminel, suivant lequel la peine doit être proportionnée à la criminalité de l'agent. — Que si le degré de culpabilité ne peut être déterminé, cette circonstance n'est pas suffisante pour entraîner une condamnation solidaire. Et ici, allant plus loin que la Cour de Lyon, je me demanderai : Pourquoi ne poserait-on pas comme règle une présomption d'après laquelle chaque codélinquant serait considéré comme ayant pris une participation égale, et en conséquence, pourquoi n'imposerait-on pas à chaque condamné une portion égale de frais, *œquales scilicet partes?*.....

Ainsi, et aux yeux de la raison pure, la solidarité me paraît manquer de fondement solide; rien ne justifie son application, ni surtout sa consécration tacite ou virtuelle à toutes les condamnations prononcées à raison d'un crime ou délit. Par cela seul que la solidarité est une peine souvent rigoureuse, il importe de ne pas la prodiguer et de s'en tenir à la règle posée par l'art. 1202 du Code civil, qui la considère comme de droit exceptionnel.

(1) Op. cit. t. 1. p. 245.

Quoi qu'il en soit, au surplus, de ces idées générales et théoriques, jetons un coup-d'œil sur les textes, et voyons quelle a été la pensée et la doctrine du législateur.

Pour le législateur de 1810, la solidarité a été, en matière criminelle, considérée comme droit commun et fondamental. Tous les individus condamnés pour un même crime ou même délit sont tenus solidairement des amendes, restitutions, dommages-intérêts et frais (art. 55 du Code pénal). Cette disposition est impérative; la solidarité a lieu de plein droit, indépendamment de toute mention expresse dans le jugement dans lequel elle se trouve virtuellement et nécessairement sous-entendue; de telle sorte que, d'après la doctrine de certains auteurs et la jurisprudence de plusieurs tribunaux, il y aurait lieu à annuler un jugement qui, rendu contre plusieurs auteurs ou complices d'un même délit, les condamnerait aux frais par portions égales.

Il n'est pas nécessaire qu'il y ait eu entre les délinquants concert réfléchi et prémédité entre eux; que la culpabilité se soit formée accidentellement et sans accord préalable, ou bien avec préméditation, qu'il y ait ou non différence dans le degré de culpabilité et dans la nature ou l'intensité des peines, peu importe; il suffit qu'il y ait participation pour que la solidarité doive être prononcée; telle est la jurisprudence de la Cour de Cassation (1).

(1) Cass. 8 octobre 1813, 2 mars 1814, 3 novembre 1827.

Il n'y a pas lieu non plus à distinguer si le jugement émane d'un tribunal de justice répressive ou d'un tribunal civil devant lequel on réclame une réparation civile. En effet, dès que l'on admet que le délit est solidaire entre tous les coupables, il faut bien que la réparation le soit aussi. Il en est de même pour les dépens, à la différence de ce qui a lieu en matière purement civile (1) ; si les auteurs d'un délit contractent tous, par le fait même, l'obligation solidaire de le réparer, si la faute est commune, l'expiation doit l'être également avec toutes ses conséquences ; et comme les dépens font partie intégrante de la réparation due à la partie lésée, rien de plus naturel que de les faire supporter par les auteurs du délit, quelle que soit la voie prise pour obtenir justice.

La solidarité est si bien la règle en matière criminelle, qu'elle s'applique même au cas où il y a inégalité dans les amendes prononcées contre les divers coupables, de telle sorte que, contrairement au principe qui veut que les peines (et l'amende en est une) soient personnelles, il peut arriver que l'un des codélinquants soit tenu, en définitive, de payer toutes les amendes (2). Il peut encore arriver que la somme des

(1) Il en était de même en droit romain pour cet objet, même dans les obligations solidaires qui faisaient l'objet de la contestation. L. 43. D. 42. 1. — L. 10 § 3. D. 49. 1. — L. 59 § 3 D. 17. 1.

(2) Il est très-difficile, observe M. Bugnet, de justifier la disposition de la loi en ce qui concerne l'amende, qui est une peine ; c'est comme si on les déclarait solidaires pour l'emprisonnement et autres peines.

-amendes réunies excède le maximum fixé par la loi, et par voie de conséquence que l'un des condamnés, parce qu'il n'était pas seul dans la perpétration, soit tenu de subir une peine supérieure au maximum déterminé par la loi, contrairement au principe de droit pénal, qui veut que, dans l'application des peines, on n'excède jamais la limite fixée par la loi.

On voit que la solidarité constitue un lien rigoureux, fécond en conséquences exorbitantes, et qu'elle est appliquée d'une manière large et inflexible par les rédacteurs du Code pénal. Quel est le mobile qui les a inspirés? On se tromperait fort, à mon avis, si on voulait le trouver dans les principes de raison ; ce n'est ni la logique ni l'équité qui l'ont dictée au législateur, c'est uniquement la faveur du trésor public, un intérêt bursal, une préoccupation fiscale avouée ou non. Cependant, M. Toullier croit que la solidarité repose sur la nature des choses, qu'elle a sa base dans la volonté commune des délinquants, comme la solidarité ordinaire repose sur la volonté commune des obligés de s'engager à une même chose. Mais l'analogie n'existe pas ; si les divers obligés qui s'engagent simultanément dans un contrat à une chose sont solidaires, c'est parce qu'il y a volonté spéciale, formelle, c'est qu'il y a stipulation expresse, acceptation explicite du lien de la solidarité ; mais vouloir l'induire tacitement ou virtuellement de cette circonstance que les délinquants ont participé en commun au crime ou délit, c'est faire une induction forcée, établir une présomption arbitraire. En l'absence de toute justification satisfaisante, n'est-il pas plus sage et rationnel d'en revenir à la règle fondamentale de la division des obligations en autant de parts qu'il y a d'obligés? Et si le législateur a cru devoir édicter la solidarité d'une manière absolue, ne vaut-il pas mieux, tout en s'inclinant devant sa volonté, confesser ingénument le motif fiscal qui a dirigé ses vues?.....

Quoi qu'il en soit, et par cela même que la solidarité entraîne des conséquences exorbitantes, iniques, il faudra la circonscrire dans les termes précis de la loi, conformément, d'ailleurs, aux règles du droit criminel, où tout est de droit étroit. Si nous devons respecter la volonté du législateur, même quand elle est arbitraire, nous devons lui refuser toute interprétation extensive.

Ainsi, il faut que les codélinquants soient condamnés pour un même crime ou délit; d'où la conséquence que, s'il s'agit de crimes ou délits différents, fussent-ils compris dans la même plainte ou le même acte d'accusation, on ne peut appliquer la solidarité. De même, il faut que les auteurs ou complices soient condamnés par le *même* jugement. Cette proposition, bien qu'elle ne soit pas expressément écrite, ressort de l'esprit du texte, qui suppose le cas où les poursuites sont dirigées simultanément contre les délinquants, et où un jugement commun les condamne tous ensemble. Lorsque, en effet, tous les délinquants ne sont pas jugés conjointement, celui qui l'a été a son sort définitivement et irrévocablement fixé: sa position ne saurait être aggravée par des condamnations ultérieures prononcées contre d'autres personnes, encore qu'il s'agisse du même fait. Ainsi encore, la loi ne parlant que de crime ou délit, la solidarité ne saurait s'appliquer à la contravention de simple police : le juge ne pourrait, à cet égard, suppléer au silence de la loi.

Quid s'il s'agit, non de crime ou délit, mais d'un quasi-délit, c'est-à-dire, d'un délit de droit civil qui a causé un dommage dont on demande la réparation, abstraction faite de toute condamnation pénale ? Les auteurs de ce fait dommageable seront-ils solidairement tenus de le réparer ? La jurisprudence incline vers l'affirmative. Ses raisons consistent à dire que chacun des auteurs du quasi-délit peut et doit être considéré, au moins dans l'hypothèse où il est impossible de fixer la part contributoire de chacun d'eux, comme étant seul et individuellement la cause du dommage qui, peut-être, n'aurait pas eu lieu sans sa participation ; que la solidarité résulte virtuellement de l'art. 1382 C. civ., ce qui est suffisant, puisque l'art. 1202 n'exige pas que la solidarité légale soit expressément prononcée. Mais cette jurisprudence, outre son rigorisme, me paraît heurter les véritables principes. D'abord, la circonstance qu'il est impossible de déterminer la part de chacun des auteurs du fait dommageable, ne peut pas, ne doit pas tourner au préjudice de ces derniers, et ne saurait être d'aucune influence sur la décision de la question ; ensuite, la présomption, qui fait considérer chacun d'eux comme individuellement l'auteur du quasi-délit, est purement gratuite ; enfin, admettre que la solidarité peut résulter virtuellement des art. 1382 et suivants du Code civil, prétendre que l'art. 1202 n'exige pas une disposition expresse qui prononce catégoriquement la solidarité, est une interprétation erronée, contre laquelle proteste la rédaction même de l'art. 1202, non moins que son esprit, non moins encore que le caractère tout exceptionnel de la solidarité. Vainement insisterait-on en invoquant, à l'appui de la thèse contraire, la disposition de l'art. 1734 du Code civil, car cet article est de droit anormal ; d'ailleurs, le quasi-délit ne suppose pas une volonté de nuire, un degré de perversité qui doive appeler sur leurs auteurs ou complices toute la rigueur de la loi. Aussi, et pour ces motifs, regarderai-je la négative comme plus juridique et plus rationnelle. Telle est l'opinion de MM. Toullier et Duranton.

A plus forte raison, est-il difficile d'adhérer à la jurisprudence de la Cour régulatrice, qui va jusqu'à décider que le dommage causé par la réunion de plusieurs quasi-délits, dont le résultat est indivisible, doit être solidairement réparé par les auteurs de ce dommage, quoique, dans le fait, ils n'aient pas participé à un même quasi-délit.

Lorsque l'un des condamnés a été contraint d'acquitter la totalité des condamnations, aura-t-il un recours contre ses consorts à l'effet de récupérer ce qui excède sa part virile ou personnelle ?

En droit romain, les auteurs ou complices d'un délit ne sont pas *correi debendi*, soumis au lien de la corréalité, mais seulement tenus *in solidum*, engagés dans les liens de l'obligation purement solidaire; il semble donc que, dès-lors, et conformément à la règle générale, celui d'entre eux qui a été recherché pour le tout, et qui, par le paiement de la condamnation, les a tous libérés au regard du créancier (1), devrait avoir un recours à diriger contre ses codélinquants. Mais cette solution, qui serait logique, n'a pas été admise (2). La raison qu'en donnent les textes est qu'il ne peut exister aucune société de méfaits, et que la loi ne saurait autoriser la communication du préjudice provenant d'un délit : *Proprii delicti pœnam subit; quœ res indignum eum fecit ut à cœteris quid consequatur doli participibus, nec enim ulla societas maleficiorum, vel communicatio justa damni ex maleficio est.*

Mais, tout en applaudissant à ces principes de saine morale, nous ne saurions adhérer à la solution ; car la cause de la réclamation ou action récursoire n'est pas le délit, mais le paiement d'une dette commune à plusieurs, et que l'équité ne permet pas de faire peser sur un seul (3). C'est dire que notre droit français n'a pas hésité à trancher la question affirmativement.

(1) L. 1 § 4. D. 2. 10. L. 14 § 15. D. 4. 2. L. 17 pr. D. 4. 3. — (2) L. 30. D. 3. 5. L. 1 § 14. D. 27. 3. — (3) C'est, dit Pothier, une espèce d'action *utilis negotiorum gestorum.*

PROPOSITIONS.

DROIT ROMAIN.

1. Le possesseur de bonne foi fait les fruits siens, sans distinction entre les naturels et les industriels, entre les extans et les consommés.
2. L'accession n'est pas un mode d'acquérir spécial, mais un effet, une extension du droit de propriété.
3. L'usufruit s'éteint par le simple non-usage, indépendamment de la jouissance du nu-propriétaire : Justinien n'a innové que quant au temps qu'il a allongé de 1 an à 3 pour les meubles, de 2 ans à 10 entre présents, 20 entre absents pour les immeubles.
4. Les arrhes qui, dans le droit primitif, étaient un indice de la perfection de la vente, ont pris, dans la législation de Justinien, le caractère d'un dédit, au moyen duquel les parties peuvent discéder du contrat : l'acheteur en perdant les arrhes, le vendeur en les restituant au double.

DROIT CIVIL FRANÇAIS.

1. La perte du droit de suite résultant, au préjudice de la femme, du défaut d'inscription dans le délai fixé par l'art. 2194, n'entraîne pas la perte du droit de préférence.
2. Quand un jugement par défaut a été rendu contre plusieurs débiteurs solidaires, l'exécution dans les six mois à l'égard des uns, empêche la péremption à l'égard des autres.

3. Les créanciers hypothécaires, dont les droits sont devenus efficaces au regard des tiers, ne sont pas considérés comme ayant été représentés en justice par leur débiteur, dans les instances relatives aux biens hypothéqués.

DROIT PUBLIC.

Le lit des rivières non navigables ni flottables appartient en propriété, aux particuliers riverains.

DROIT ADMINISTRATIF.

La juridiction contentieuse est ordinaire, c'est-à-dire, qu'il existe un tribunal administratif, ayant la plénitude de juridiction et des tribunaux exceptionnels ou d'attributions.

DROIT CRIMINEL.

1. Le principe de la non-rétroactivité des lois s'applique non-seulement au fond ou la pénalité, mais encore à la forme et la juridiction existantes au jour du délit.

2. La tentative du crime d'avortement n'est point punissable : l'article 317 déroge à l'article 2 du Code pénal.

Approuvé :
Le Doyen de la Faculté,
LAURENS.

Vu :
Le Recteur,
A. MOURIER.

Toulouse, le 25 juin 1852.